三十六计 教出好孩子

方舟◎编著

中国华侨出版社

·北京·

图书在版编目 (CIP) 数据

三十六计教出好孩子 / 方舟编著 .—北京：中国
华侨出版社，2006.3（2024.11 重印）
ISBN 978-7-80222-078-2

Ⅰ.①三… Ⅱ.①方… Ⅲ.①家庭教育 Ⅳ.① G78

中国版本图书馆 CIP 数据核字（2006）第 015558 号

三十六计教出好孩子

编　　著：方　舟
责任编辑：刘晓燕
封面设计：周　飞
经　　销：新华书店
开　　本：710 mm×1000 mm　1/16 开　　印张：12　　字数：176 千字
印　　刷：三河市富华印刷包装有限公司
版　　次：2006 年 3 月第 1 版
印　　次：2024 年 11 月第 2 次印刷
书　　号：ISBN 978-7-80222-078-2
定　　价：49.80 元

中国华侨出版社　北京市朝阳区西坝河东里 77 号楼底商 5 号　邮编：100028
发 行 部：（010）64443051　　　　传　真：（010）64439708

前言

　　父母是孩子的第一任教师，孩子的明天很大程度上就掌握在今天的父母手中。没有教育不好的孩子，只有不会教育的父母，往往是父母的教育观念和方法决定着孩子一生的命运。因此，不想让孩子输在学习的起跑线上，父母首先就不能让自己输在教育的起跑线上。

　　家庭是教育孩子的第一课堂，教育家爱尔维修在阐释家庭教育的重要性时这样说："人刚生下来都一样，仅仅由于环境和教育的不同，有人可能成为天才，有人则变成凡夫俗子，甚至蠢材，即使再普通的孩子，只要教育方法得当，也会成为不平凡的人。"这就是在告诉我们，每个孩子都可能成为天才，良好的教育是孩子成功的必经之路。每个爱孩子的父母要想把孩子培养成天才，先要使自己成为天才的教育家，父母要想改变孩子的命运，首先就要改变自己的教育理念和教育方法。本书，正是改变一切的开始。

　　《三十六计教出好孩子》一书，以提升父母教育水平，培养孩子综合素质为目标，从不同角度着手，探讨了家庭教育的方方面面。与其他教子题材的书籍不同的是，本书以三十六计的形式展开，寓教育于谋略，用谋略来诠释教育智慧，更实用、更具有指导性。

本书以科学辩证的态度，提炼出家长必须掌握的三十六条教子策略，包括孩子成长过程中，父母需要注意的问题、教育孩子的方法等内容。

本书指导家长身体力行，从家庭生活的方方面面教育孩子、培养孩子的学习兴趣，提高孩子的学习能力，全面开发孩子的智力、培养孩子良好的生活习惯、与人交往的能力等等。不仅如此，本书还为父母们怎样教育青春期孩子提供了指导，让父母们能更好地应对孩子"早恋"、"逆反"、"网瘾"等问题。

本书精选了许多名人教子以及实际生活中的成功教育案例，并加以提炼、分析，提供了很多可供借鉴的教育方法，希望可以对父母们有所启示，帮助父母们引导孩子走上成功之路。

目 录

01 扮弱计
——让孩子充当一次"小大人"

02 补强计
——让孩子由自卑变自信

03 诱导计
——帮孩子跨过厌学的泥潭

04 冷淡计
——让孩子有一点自控能力

05 授挫计
——给孩子一个体验失败的机会

06 放手计
——培养孩子自己的事情自己做

07 纵容计
——让孩子在"淘气"中开发潜能

08 处罚计
——让孩子正视自己的错误

扮弱计

——让孩子充当一次"小大人"

父母常常抱怨现在的孩子对父母漠不关心，缺少责任感，他们不知道，孩子的责任感是要从小培养的，如果你总在孩子面前表现出一副风雨无惧的样子，孩子就会认为父母是不需要他们关心照顾的。因此，父母们不妨偶尔扮一次弱，向孩子求助，你会惊奇地发现孩子竟因此变成了懂事的"小大人"，而你也可以从孩子的帮助中获得很多东西。

把孩子当成老师

中国的父母总喜欢在孩子面前表现出全知全能的样子，生怕露出不懂的地方，让孩子看轻了自己。其实这样辛苦地维持自己的威严是没有意义的，如果你能放下"威仪"，主动向孩子请教一些事情，你们的关系将会更亲密。

晚饭后，乔依一直在摆弄那个坏掉的音响，可弄了半天还是没有修好。这时乔依13岁的大儿子汤姆从楼上吹着口哨跑了下来，看他的打扮似乎正准备出门去玩。"汤姆！"乔依叫住了他，"过来帮我看看这个音响，再修不好就得换了！""爸爸，您是让我帮您修音响吗？可是我以为——真是太难以置信了！您从来都不会找我做这种事的。"然后在父亲略显尴尬的目光里，汤姆迅速脱下外套蹲下来和父亲一起研究那个音响。"您看！这个导线接触的不太牢固，我猜毛病就出在这上面！"乔依惊讶地看着自己的儿子，"你怎么会懂这么多呢？你知道，我一直把你当成小孩子！"汤姆愉快地笑了，"爸爸，我不是告诉过您，我参加了学校的电器小组吗？以后家里的电器坏了，需要帮忙时就请您说一声，我会非常愿意和您一起干活的！"从那以后，乔依发现儿子变得懂事了很多，看到父母做家务事时，他会礼貌地问一声："需要我帮忙吗？"而且汤姆还买了一大堆物理方面的书籍，有空就坐在房间里研究，现在汤姆已经成为家里的"电器专家"，老师告诉乔依说汤姆现在上课时变得"很认真"。

乔依第一次向儿子汤姆请求帮助时，我们可以看到汤姆感到十分惊喜，他立刻放弃出去玩的念头，留在家里陪父亲修理东西。13岁的汤姆非常骄傲，父亲的求助让他看到了父亲对他的信任和依赖，这种感觉甚至成了他学习和进步的动力。所以为人父母的你何不放下架子，向孩子请教一些东西，你会发现不再需要唠叨、不再需要责骂，你的求助就使孩子变得更懂事、更乐于学习。

我们应该明白每个孩子都希望"做自己的主人"，他们都希望从自立与帮助他人中寻求到自我存在的价值。所以，父母不妨试着扮演一下弱者，给孩子责任心与能力以最好的鼓励与赞赏。

其实扮弱者并没有什么为难的，你可以不时地叫孩子教给你一些东西，比如：怎样收发邮件，如何解答这一谜语等；也可以叫孩子帮助你做一些与研究有关而你又没有时间去做的工作。例如，叫孩子调查最完全、最可靠、最畅销的价值在2500元左右的冰箱，或者研究市场上最好的洗衣机，或找出一段为了达到市中心的某一地点而避免遇到修路或交通堵塞等现象的最佳线路，或叫孩子核对一些所调查的事实和资料再给你一个结论。孩子决不会认为这些工作枯燥无味，他们一定会满怀希望地认真工作的，这不仅使孩子得到了一个锻炼机会，也会使孩子因"爸爸（妈妈）需要我"而感到幸福。

另外，当孩子有自己特殊的兴趣和爱好时，可以让他告知你他所学到的、发现的东西。例如，如果你的孩子对天文学感兴趣，可以让他指出某一星座的位置；如果你的孩子喜欢研究汽车，当你们一起外出时，可以叫他告诉你某些车的名字。

寻求孩子的帮助，从小的方面看是与孩子交流的一种技巧，但从更高的层次看，却是教育观念的创新。许多家长会有这样的疑惑：一个小孩子有什么能力可帮助大人？历来都是大人帮助孩子，哪听说过孩子帮助大人的？他们即使接受让孩子帮助自己，也不过认为是一种哄小孩的游戏而已。

实际上，这不仅不是一种游戏，而且还是创新教育的需要，也是家长自身的需要。我们所具有的价值观念、知识、行为方式及习惯有很大一部分已难以适应社会的发展，而我们的成见、生活经验以及越来越多的惰性常常阻碍我们看到这一变化。

我们已经进入了信息时代，我们的孩子比我们更快、更好地掌握了新媒体技术，如计算机网络等。在"明日青少年与媒介"巴黎国际论坛上，来自几十个国家的学者形成了一种共识：我们正在被青少年甩在后面，我们感到了挑战，我们对自己的无能和无知感到恐惧。甚至教授计算机的教师都感受到这一点，他们发现，许多学生在老师指导入门后，很快地就超过了老师，最后就变成了相互学习。在有计算机的家庭里，孩子常常成为父母的老师，因为除了他们，几乎没有人可以教父母如何应付不断涌来的知识、信息和技术的潮水。美国麻省理工学院媒介实验室的研究人员为此提出"以孩子为师"，并倡议改变以往的教育观念。

其实，生活中很多父母也会发现，自己的孩子有很多让自己不得不佩服，不得不学习的地方。

许某是一家音像店的老板，最近他发现自己9岁的儿子强强常把自己看过的漫画书和CD盘带出去，许某问孩子把东西借给谁了，但儿子的回答却让他大吃一惊，"借？没有啊！我把漫画书打九折卖给同学了，CD嘛，和同学交换了。"许某简直不敢相信自己的耳朵，"那是爸爸买给你的书啊，你怎么能把书卖了呢?"儿子却满不在乎地回答:"可是我已经看完了呀!放在那里没有用,还不如打九折卖掉,同学也高兴,我还可以存钱买新书。爸爸,你不是做生意的吗?怎么不理解我呢?"许某仔细想一想,忍不住笑了,孩子的办法多聪明啊!第二天,他在自己的音像店门前挂了个牌子"以旧换新,两张旧影碟,可换一张新影碟,同时本店从即日起出租影碟,欢迎光临!"结果店里的生意从此红火了很多,许某高兴,孩子更高兴,他郑重向许某许诺:"我要好好学习,然后出国留学,以后要做个大商人,经营很大的一家公司。"

生活中有很多强强这样的孩子,他们不仅成绩优秀,而且还有与丰富生活相适应的多种能力,比如说,对足球、流行元素了如指掌,对家用电器样样精通,他们英文娴熟,当你被电器上的各种按键、电脑上的条条指令弄得眼花缭乱时,孩子却可以轻松应对这一切。因此以孩子为师并没有什么丢人的,这样反而可以增加、父母与孩子交流的融洽性和趣味性,并促使孩子不断学习和进步。

扮弱让孩子学会关爱

一位妈妈向教育专家抱怨说,她怀疑自己的女儿不爱她,生活中很多父母也都有相同的感受,他们的孩子对他们冷漠、毫不关心,这让他们伤心极了。然而,孩子变成这样要怪谁呢?爱是人类天性,每一个人都希望得到别人的爱,同时也应该向别人付出爱。可一些父母往往只给予孩子爱,却不懂得要求孩子回报,也不培养孩子施爱的能力,久而久之,孩子就习惯于父母关心自己,却不知道关心父母。因此,父母们应学会引导孩子关心自己,扮弱就是一个不错的办法。

5岁的罗尼跟同龄的孩子一样,喜欢吃汉堡,喜欢喝碳酸饮料,喜欢各种新奇的玩具。妈妈因此也把他当成一个除了吃喝玩闹之外,其他什么都不会的小孩。不过,一次意外的机会让她彻底改变了这种想法。

那一年，罗尼家搬到了一个新的城市，罗尼也进了一所新的幼儿园。一个半月后，幼儿园要开家长会，罗尼妈妈也在被邀请之列。去幼儿园的路上，妈妈开玩笑地对罗尼说："怎么办啊？妈妈还没有完全适应这个城市，在你们幼儿园里，妈妈更是一个人都不认识，到时候你可要帮我啊！"

没想到罗尼一本正经地说："没问题，妈妈。我认识那里所有的老师和小朋友，包括每天接送小朋友的爸爸妈妈。"

妈妈看他认真的样子觉得很有趣，但她也只是笑笑，没有放在心上。

到了幼儿园，罗尼开始履行他的承诺，他尽责地陪妈妈到会议室，严肃地把妈妈介绍给园长和其他老师，又认真地向妈妈介绍了幼儿园的每一个小朋友，最后告诉妈妈小朋友们的名字以及哪位是他们的爸爸或妈妈。

接着，罗尼把妈妈带到一个沙发面前，给她端来了一杯果汁，"妈妈，你先坐在这儿别到处乱走，我去趟厕所，一会儿就回来。"

让他成为"小大人"只需要一个小方法罗尼妈妈坐在沙发上，欣喜地看着突然间长大的孩子，她突然明白了一点，在孩子面前偶尔扮演弱者的角色，实际上是对孩子责任心最好的鼓励与培养。

这真是一个温馨的小故事，妈妈的一个小玩笑，让她看到了孩子懂事、负责任的一面。世上没有不爱父母的孩子，如果你希望得到孩子的关爱，那么至少先要让孩子知道你是需要他的关爱的吧！如果这个故事中的妈妈不是扮出需要帮助的样子，她的儿子又怎么会主动去照顾她呢？看来能否让孩子有关爱之心，关键还是在于家长的引导。

有一位家长是一个教育工作者，但在教育自己孩子的问题上，却困惑不已。儿子是他的骄傲，夫妻俩一直无微不至地照顾孩子，孩子小的时候，家里经济条件不是很好，夫妻俩用省下的钱给孩子买营养品，吃鱼或排骨的时候夫妻俩就看着孩子吃个够，自己才动筷子。他们省吃俭用给孩子买钢琴，买电脑，请家教，他们常对孩子说的一句话就是："不用担心我们，爸妈是大人，你只要生活得幸福，我们就幸福了！"后来孩子进了重点中学，成绩也很优秀，然而这孩子却有个毛病，不会关心大人。有一天，妻子出差，这位家长和儿子留在家里，八点多钟时，他的胃病犯了，疼得直冒冷汗，他勉强从床头柜里摸出一瓶胃药，然后让客厅里的儿子帮他倒杯水，没想到孩子对他的呻吟声毫不理会，反而不耐烦地说："你不会自己倒呀，我还得写作业呢！"这一刻，他感到自己的心比胃还要疼。

孩子的做法多么令人痛心，然而这一切究竟该怪谁呢？很多父母也像这位家长一样，认为爱孩子就该是无私的、奉献一切的。其实这种想法大错特错了。苏联教育家苏霍姆林斯基说过，爱心是最宝贵的，孩子的爱心必须从小开始培养，因此引导孩子的爱心也是父母对孩子应尽的义务。

爱心是孩子心理健康的一个十分重要的内容，尤其在儿童时期，孩子的身心发育最为迅速，是最关键的时候。因此，在这个阶段呵护孩子的爱心，对塑造他们的良好性格和健康行为都具有十分重要的意义。然而现在的许多教育方法更多的是关注孩子的智力开发，却往往忽视了孩子品德的培养，甚至可以毫不夸张地说，现在许多孩子在被教育的时期是处于感情教育的荒漠之中的。爱孩子不是只要让他（她）吃好、睡好、学习好就可以了，还要让孩子心存爱意，关心父母和他人。

生活中，很多父母都会发现这一点，你小小的孩子是乐于充当你的保护者的。如果停电时，你拉住孩子的手告诉他你很害怕，那么孩子一定会故作勇敢地抱着你："妈妈不要怕，我来保护你！"曾经有一个很顽皮的孩子，他的父母对他的任性不懂事一直无可奈何。有一次，爸爸要出差，就告诉孩子说，"你长大了，爸爸出远门后，你要照顾这个家，妈妈很柔弱，你要像男子汉一样保护她。"结果父亲回来后惊讶地发现孩子变了个样，他为爸爸拿拖鞋、揉腿，据说在爸爸出差的日子里，他每晚睡前都要检查门窗是否锁好，还常为妈妈倒茶、帮妈妈干活。这位爸爸为儿子的转变而惊喜，同时他也认识到这样一个道理：孩子对父母的关爱之心是需要培养的，是需要家长去引导的，不能只向孩子付出爱，而不向孩子索取爱。

02 补强计

——让孩子由自卑变自信

美国加州大学哲学博士詹姆斯·多伯林提出了"补强法则"。当一个人的行为得到满意的结果时，这种行为就会重复出现。因此，当孩子受到认可时，他（她）的自信就会被激发出来，不断重复令人满意的行为，直至摆脱自卑，成为自信上进的好孩子。

每个孩子都是天才

法国教育家埃尔维修说："即使很普通的孩子，只要教育得当，也会成为不平凡的人。"这也就是说，每个孩子都有"天才"的潜能，关键是父母能否正确发掘，因此作为父母的您就需要在孩子成长过程中，不断开发孩子的天赋，激发他们的自尊心和自信心。

毕加索出生于 1881 年，他的父亲何塞是个非常开明的人。有一天，他发现 3 岁的毕加索居然在一张纸上画上了妈妈怀孕时的样子，何塞认为自己的儿子在绘画上是非常有天赋的。然而，有着惊人绘画天赋的毕加索在循规蹈矩的学校里，根本就算不上社会所认定的那种好学生。只有在画画时，毕加索才表现出惊人的耐力，他可以一连几个小时不放下画笔，与他在课堂上的表现判若两人。同学们对着毕加索大喊："二加一等于几？"而老师则认为毕加索根本就不具备学习的能力，还多次跑到毕加索父母面前，数落他的"痴呆症"症状。毕加索陷入了自卑的境地。

幸运的是，毕加索有个赏识自己的父亲，何塞并没有对自己的儿子失望，而是认定儿子的绘画天赋会让他成为一个不平凡的人。何塞想，与其让孩子在正统的学校教育中一无所获，还不如让毕加索在他热衷的绘画上有所成就。于是，何塞决定把毕加索送到当地有名的美术学校，并亲自担任儿子的辅导老师。

正因如此，在艺术的长廊中，毕加索的名字才与达·芬奇齐名。

不是每个孩子都能有何塞这样开明的父亲，很多家长往往被孩子表面上的成绩蒙蔽了，认为自己的孩子"脑瓜不够聪明"。然而，美国人类潜能开发专家葛兰·道门医生认为：每一个正常的孩子在其出生的时候都具有莎士比亚、爱因斯坦、牛顿等人那样天才的潜能，关键是后天能否把这种潜能发掘出来。

不要怀疑这种说法，美国著名心理学家罗森塔尔的一项试验证明了这一点。

罗森塔尔和助手来到美国东部的一所小学，声称要进行一个"天才测验"，首先，他给全校学生做了一次智力测验，测验后，他并没有给那些测试卷打分，而是随机抽出了 20 名学生，并以赞赏的口吻告诉老师，这些学生的智商都在 130—140 之间，属于天才少年，是非常优秀的孩子，在学习上具有极大的潜力。尽管这 20 名学生中有不少是不爱学习的孩子、逃课的孩子、表现平庸的孩子，但大家都对罗森塔尔的话深信不疑：这些孩子都是高智商的天才，只不过没有发挥出自己的潜能。根据罗森塔尔的要求，校长又把三位老师叫进办公室，对他们说："根据过去三四年来的教学表现，你们是本校最优秀的、最有潜力的老师。为此，我们特别挑选了这批全校最聪明的学生让你们教。这批学生的智商比同龄的孩子都要高，希望你们取得更好的成绩。"

1 年后，罗森塔尔再次来到这所学校，奇迹出现了。凡被认为是"最优秀的"学生，成绩都有了较大的进步，且各方面都表现得很优秀。被赏识的学生在智商上有了明显的提高，这一点在智商中等的学生中表现得尤为显著。从教师所做的行为和性格鉴定中可知，被赏识的学生表现出了更强的适应能力，更大的魅力，更强的求知欲。

这时候，校长告诉老师们真相：这些学生并不是刻意选出来的，而只是随机抽选出来的普通学生。三位老师万万没有想到事实会如此，只有归功于自己教育得好。

校长没有告诉他们另一个真相：他们三个也是在教师中随机抽选出来的。

这真是一个非常有趣的实验：罗森塔尔的谎言使老师们相信那些被指定的孩子都是有前途的天才儿童，于是便自然而然地对这些孩子寄予了更高的期望和热情。接着老师的信任和热情又感染了这些孩子，于是他们变得更加自尊、自信、自强，结果在各方面都取得了异乎寻常的进步，真的就如同众人所期望的那样，成了天才儿童。

罗森塔尔的实验是非常有意义的，它向家长们表明了这样一个道理：每个孩子都可能成为天才，但要让孩子真正成为天才，家长就要像对待天才一样欣赏他、教育他。有的家长可能会说：我的孩子一次也没有考过好名次，既不会演讲，又不会唱歌跳舞，即使我要像培养天才一样培养他，也无从着手啊！

这种情况下，各位家长就有必要灵活运用补强计，你不一定非要发掘出孩子在文学、艺术等方面的天赋，重要的是激发他们的自尊心和自信心，不要让他们陷入自卑的境地。

河南安阳市的少先队组织，曾在教育专家韩凤珍的指导下，开展过"我之最"活动，即让每个孩子都亮出各自的"绝招"、"绝才"、"绝优"、"绝长"，收到了良好的效果。许多被人瞧不起的孩子或那些被忽视的"灰色儿童"，也纷纷登台露一手儿，有的剪纸、有的爬树、有的驯狗、有的动耳朵、有的讲历史知识、有的滑旱冰，等等。孩子们由于显示了自己超人的本领，自信心大增，彼此之间也刮目相看了。

韩凤珍说："所有难教育的孩子，都是失去自信心的孩子。所有好教育的孩子，都是具有强烈自信心的孩子。教育者就是要千方百计地保护孩子最宝贵的东西——自信心。这是切断后进生生源的重要手段。那么，怎么培养孩子们的自信心呢？我想，一个不可忽视的途径，就是给每个孩子创造表现能力的机会，让他们都尝到成功的喜悦。"

当然，总会有一些孩子实力相对弱一些，甚至几乎找不出什么特长绝招。但是，许多学校开展了"让每个学生拥有一项特长"的活动，通过挖掘潜力和技能培训，使孩子们普遍增强了实力和信心。

不要小看了这种活动，当孩子有一项比别人强的"特长"，就能焕发出自信心，便会觉得只要自己肯去做，一定不会比别人差。而这种自信心也会延伸到其他领域，使孩子更具积极性。因此，父母应尽力挖掘孩子的优势潜能，不论是在学习还是在个人爱好方面，有了优势潜能，孩子就会拥有信心。

总之，当你看到邻居孩子表现杰出，自己的孩子却成绩平平时，千万不要埋怨自己的孩子一无是处。要相信你的孩子也是个潜在的天才，只是暂时被压抑了，只要你愿意付出关怀和爱，你的孩子也会是一个光芒四射的天才。

赞赏可以创造奇迹

中国的父母相信对孩子一定要严管，因此当孩子在学习或生活方面做得不尽如人意时，他们就会抱怨，就会责骂孩子。然而这样做究竟有何益处呢？孩子会说：反正我就是没出息了，怎么做也没有用。因而自暴自弃，一蹶不振。这样的结果一定不会是父母们希望看到的，因此做父母的应该试试赏识教育，肯定孩子的长处和点滴进步，你会发现孩子在一天天地进步，你的赞赏创造了奇迹。

纽约的黑人贫民窟环境肮脏、充满暴力，而在这儿出生的孩子，耳濡目染，他们从小逃学、打架、偷窃甚至吸毒，长大后很少有人从事体面的职业。然而，这里却诞生了美国纽约州历史上第一位黑人州长。

罗杰·罗尔斯就是那个创造奇迹的孩子。罗杰·罗尔斯读小学时是个非常调皮的孩子，就像他的同学一样。他们不与老师合作，旷课、斗殴，甚至砸烂教室的黑板。老师、校长想过很多办法来引导他们，但是仍没有用。

这一年，小学来了新的董事兼校长——皮尔·保罗。皮尔·保罗想尽办法来改变这些孩子们，他发现这些孩子都很迷信，于是在他上课的时候就多了一项内容——给学生看手相。他试图用这个办法来鼓励学生。

轮到罗尔斯时，皮尔·保罗校长说："我一看你修长的手指就知道，将来你是纽约州的州长。"幼小的罗尔斯大吃一惊，因为长这么大，除了奶奶说过他可以成为五吨重小船的船长外，从来没有人相信他今后能有什么成就。而这一次，皮尔·保罗先生竟说他可以成为纽约州的州长。他记下了这句话，并且相信了它。

从那天起，"纽约州州长"就像一面旗帜，引导罗尔斯在以后的40多年间按州长的身份要求自己。罗尔斯的衣服不再沾满泥土，说话时也不再夹杂污言秽语，罗尔斯不再逃课、不再与老师作对。他开始挺直腰杆走路……终于在51岁那年，他成了纽约州的州长。

在就职的记者招待会上，面对记者对他为什么能取得如此成就的疑问，罗尔斯只说了一个名字：皮尔·保罗。

按照中国"近朱者赤，近墨者黑"的说法，罗尔斯确实创造了一个奇迹。而这个故事也再次印证了赏识教育法中的一个观点：赏识导致成功。

强者来自父母的不断赞美做父母的应该勇于承认差异，并鼓励孩子逐步缩小差异，不要一味抱怨这不好那不行，对孩子进行百害而无一益的伤害，把本来活泼可爱的孩子变成没有理想、没有志气、庸庸碌碌过一生的人。

有这样一对父母，他们都是受过良好教育的人，他们的孩子非常聪明可爱，可就是有点贪玩不爱学习，于是这对父母就每天训斥孩子"没有用处，简直是个废物"！弄得孩子信心大失。有一次，这个孩子考了一个不错的分数，他兴高采烈地把试卷拿回家去，结果爸爸说："这真是你自己做的吗？"妈妈斜着眼看他："不但学习不好，小小年纪还开始说谎了！"结果孩子垂头丧气地走了，从此以后果然没有再考过好的分数。那对父母就像是得胜的预言家，对着孩子唠叨着："早就说过你不行吧！看你那点出息！"

这是一对多么可悲的父母。心理学家的研究表明：这类父母之所以认为自己的孩子"不是那块料"，实际上是自己没有识才的眼光与水平。自卑的父母都望子成才，由于不懂，甚至不相信自己能育子成才，因此就用"不是那块料"的恶棒，把自己与子女都毁掉了。要知道，即使是荆山之玉，尽管很美，也需要识别、雕琢，否则也不会成材的。

不管你相不相信，孩子都是越夸越好，越骂越糟的。当你在责骂孩子时，你就是在向他不断施加心理暗示：你不行的，你不会成功的。试想一下，幼小的心灵怎能抵得过这样的"咒语"，在这样的情况下，孩子不变成庸才才怪。相反，如果你能常常热情地鼓励孩子，孩子就会下意识地按照父母的评价调整自己的行为，直到达到父母的期望为止。

这里有一个关于著名成功学家拿破仑·希尔的故事。希尔小时候曾被认定为是一个坏孩子。玻璃碎了，母牛走失了，树被莫名其妙地砍倒了，每个人都认定是他干的，甚至连父亲和哥哥都认为他是个无可救药的坏孩子。人们都认为母亲死了，没有人管教是拿破仑·希尔变坏的主要原因。既然大家都这么认为，他也就无所谓了，于是变得更加肆无忌惮。

有一天，父亲说给他们找了一个新妈妈，大家都在猜测新妈妈会是什么样的。而希尔却打定主意，根本不把新妈妈放在眼里。陌生的女人终于走进家门，她走到每个房间，愉快地向每个人打招呼。当走到希尔面前时，希尔像枪杆一样站得笔直，双手交叉在胸前，冷漠地瞪着她，一丝欢迎的意思也没有。

"这就是拿破仑，"父亲介绍说，"全家最坏的孩子。"

令希尔永生难忘的是继母当时所说的话。她亲热地把手放在希尔肩上，看着他，眼里闪烁着光芒。"最坏的孩子？"她说，"一点也不，他是全家最聪明的孩子，我们要把他的本性诱导出来。"从此以后，拿破仑正如他的继母所说的那样，成了全家最聪明的孩子。

继母造就了拿破仑·希尔，因为她相信他是个好孩子。

这就是赏识给孩子带来好的影响的最佳例证，也是对"补强计"又一次成功的运用。

要使"补强计"发挥最大的效用，那么就要运用得恰如其分，无限地夸大也是不妥的，赏识要有多少说多少。因此，我们给家长们提出如下建议：

（1）用赏识的眼光观察孩子

在日常生活中，务必注意孩子的行为举止、好恶，在他与别人玩耍、交谈、阅读时观察他，你就会发现你的孩子虽不爱弹琴却喜欢绘画，虽没耐心却有创意，虽不善言辞却很热心，总有他优秀的一面，记下孩子的性格倾向，从而诱导他。

当父母用赏识的眼光来看待自己的孩子时，会发现他们魅力四射。

（2）创造机会鼓励孩子

赏识不是停留在口头上的赞美，而是一种行动，父母应多给孩子创造发挥他们才智的机会。比如家里人过生日时，鼓励孩子们表演节目；每周一个晚上轮流朗诵短文并发表心得；每月办一次派对，邀请孩子的朋友参加，每人献出一个绝活……

此外，随时找机会让孩子帮你忙，洗碗、拖地、收衣服……越做越有信心，孩子才不会退缩在自卑自闭的角落里。

（3）多给孩子一点时间

赏识就是一种宽容，既然给孩子机会，就需耐心等待孩子发挥潜力。有些父母嫌孩子做不好事，干脆自己来，孩子也乐得坐享其成，而让自己的"天资"睡着了。另一些父母，当孩子一时达不到自己的要求时，就一味地指责、批评，孩子的潜能就被压抑住了。

（4）不要吝惜你的赞美

当孩子取得一定的成绩时，给他赞美和鼓励的掌声，因为即使是个天才，也同样需要成功的体验来积累信心。

诱导计

——帮孩子跨过厌学的泥潭

几乎每个孩子都多多少少有些厌学情绪，这是可以理解但却不能放任自流的，因为这种情绪会阻碍孩子学习的热情，给孩子的成长带来难以估量的影响。然而强制孩子学习也不是好办法，这只会加深孩子的反感，聪明的做法是诱导孩子学习的兴趣，让孩子自动自发地学习。

让孩子在游戏中学习

有厌学情绪的孩子，通常会把学习当作一件苦差事，甚至当成一种惩罚。对于这样的孩子，我们就只能使用诱导计，诱导出他们学习的兴趣。

何谓诱导计？就是舍弃强制的做法，根据情况，顺着孩子的脾气慢慢疏导，让孩子把学习当成一件快乐的事情。专家认为，父母引导孩子将学习游戏化，就是非常有效的方法。

9岁的本是个很聪明的孩子，可就是对学习毫无兴趣，旷课、逃学都是家常便饭，打不听，骂不灵，父母、老师拿他毫无办法。有一天，本独自一个人在院子里玩耍，他从杂物箱中翻出了两小块磁铁，他将其中一块放在地上，一块握在手里，地上的那块磁铁一会被手中的磁铁推着走，一会儿又紧紧吸在一起。这时父亲走了过来："本，你知道磁铁的奇妙之处吗？""有什么不知道的，"本撇了撇嘴，"我用正面对着那块，那块磁铁就会被推着走，我把手中的磁铁转过来，它们就又会吸在一起！"爸爸笑了："你呀，还没弄明白呢！磁铁分为正极和负极，而且'同极相斥，异极相吸！'利用这个道理还可以发电呢！""真的吗？"本惊喜地问，"那我的这块是正极还是负极？为什么正极和负极就要吸在一起？"爸爸耐心地给本讲了一下午，并陪他做了很多试验。当本知道这都是物理学中的知识后，兴奋地告诉爸爸自己以后要做个物理学家。

在游戏中学习，在学习中游戏，这是一种很适合孩子的教育方法，对激发孩子的兴趣和求知欲大有好处。那么，怎样才能把学习游戏化呢？

（1）玩一些开发智力的猜谜游戏

父母可以试着把孩子要掌握的知识编排到游戏中去，比如说游戏填空、成语接龙等等。或者把知识编进谜语，让孩子猜，猜对了给予奖励，等等。在考试之前，父母还可以和孩子一起猜一猜"明天考试会出什么题呢？"孩子为了能够猜中，很可能就会扩大复习范围，提高复习的效率。从孩子的心理来讲，如果这次体会到乐趣，以后就会主动去猜题。孩子们渐渐地就会萌发好胜心，取得的效果也就更加明显。而且，讨论有没有猜中的过程，其实也起到了复习功课的作用。简单的猜谜游戏，却能够引导孩子走上爱学习的道路。

（2）在找错游戏中培养孩子学习的兴趣

在家长会上经常有父母提到自己家的孩子不读书、不看报，令人担忧。然而，这些不读书、不看报的孩子也对报纸上的找错游戏很感兴趣。这种找错游戏不仅登载在大人杂志上，在那些面向儿童的报纸、杂志上也几乎都毫无例外地登载着。这就证明，不仅大人们喜欢这种找错游戏，孩子们也很欢迎。而且，令人吃惊的是大人们需要一天才能解答的问题，孩子们时常当场就能找到答案。这大概是因为孩子们充满了好奇心，所以特别热衷于这种找错游戏。

父母不应错过这个利用孩子好奇心的好机会。比如说，和孩子一起做习题集的时候，可以故意把答案说错几处。当发现这些错误的时候，孩子一定都很兴奋。如果孩子能够带着这种找错的热情把一本习题集从头到尾反复阅读的话，就会想做更多的习题集。

（3）利用新颖的文具增加学习的乐趣

要想把游戏的因素引入到学习当中，当然要考虑到道具的问题。学习的道具是文具，游戏的道具是玩具。要想把学习变成游戏，就要选择玩具化的文具，或者文具化的玩具。现在市面上已经有很多类似的文具出售。比如，动物形状的带香味的橡皮、可以发声的图画书、结构复杂的文具盒、昆虫形状的订书机等各种各样的文具，数不胜数。这些生动有趣的文具，多少都会对孩子们的学习起到促进的作用。

（4）让孩子跟自己玩个竞争游戏

孩子总是争强好胜的，在做题的时候，让孩子把自己当对手，父母为他记录一下半个小时做了多少道题，再让他不断挑战自己的纪录，如果挑战成功的话就给孩子一些奖励。这样一来，孩子的学习热情就会被调动起来，学习的效率也会大大提高。

悉心诱导治厌学

一般来讲，当家长发现孩子厌学时，通常会非常失望、恼怒，进而斥责孩子，逼孩子努力学习。然而教育学家发现，这样做效果通常并不好，孩子如果不是真心想学，那么再逼他也是没有用的。只有运用诱导计，以爱心、耐心、细心、恒心来帮助孩子，关爱孩子，才能点燃孩子心头的希望之火，让孩子重建上进心。

"妈妈，我今天不想去上学了！"7岁的南南这样对妈妈说。

"为什么？上学有什么不好吗？"

"我就是不想上学，不想去！"南南仍然坚持自己的意见。

"不行！哪有孩子不上学的道理。"南南的妈妈绝不答应孩子的要求。过了一会儿，妈妈又问南南："你是不是身体哪里不舒服？还是和同学相处得不好？"

"没有呀！就是不想上学。"南南很诚实地回答妈妈。

"那好吧，你给妈妈一个理由，如果妈妈认为你有道理，妈妈再考虑你的要求。"妈妈这样回答南南。

南南上学的时候就要到了，妈妈仍耐心地等待着南南的"理由"。最终南南支支吾吾地对妈妈说："我没有理由，我明天给你理由行吗？"

"你明天给妈妈理由，那妈妈就明天再考虑你的要求，但今天你必须去上学！时间到了，我们出发吧。"

在送南南去学校的路上，妈妈对南南讲了很多"爱学习的小发明家"的故事……

南南的妈妈是个懂得教育孩子的好母亲。

我们常常听到一些父母这样评议孩子："我的孩子脑子很灵，可就是不爱学习。"话中之意就是"尽管我的孩子不爱学习，但他也是一个聪明的人"。这种对待孩子学习问题的态度是很有害的。孩子不爱学习当然会让父母伤脑筋，哪一个父母不着急呢？但父母还得具体分析孩子厌学的原因，有针对性地对孩子的厌学情绪和行为做出正确的处理。

我们之所以说南南的妈妈是一个懂得教育孩子的好妈妈，是因为她面对南南的厌学情绪，耐心地进行诱导，处理得既合情合理，又达到了教育孩子的目的。假如南南的妈妈换一种教育方式，比如："你敢说不去上学？吃饱撑着啦？不上学想做什么！小小年纪就逃避学习，等你长大了，那还了得！"这样教育（训导）孩子，会收到什么效果呢？而在我们的生活中，这样的父母不是少数，他们不但没能收获到好的教育孩子的效果，反而让很多孩子变得更加厌恶学习。

我们应该明白，每一个孩子都有自己的性格特征、兴趣爱好，这种差异是极其正常的。孩子的这些性格、个性，表现在学习方面，有的孩子喜欢学习，有的孩子则不太喜欢学习，甚至于对学习还会产生种种厌恶情绪。从孩子的心理发展角度看，这样的孩子也是正常的。对此，做父母的责任不应当只是问"不上学你想做什么"，而应当帮助孩子找一找"你为什么不喜欢学习"的原因。实际上，如果父母能采取一些积极的、行之有效的措施，那么，孩子的厌学情绪是可以改变的。

厌学的孩子在心理上一般都比较脆弱，所以更希望得到别人的关怀和理解。因此家长应当多给孩子一些关怀和帮助，少一点冷语和斥责。专家认为，对待厌学的孩子，父母应该持以下几种态度。

（1）爱心

我们常说"可怜天下父母心"，以此来感叹父母对子女的无私的爱。但在现实生活中，我们又会经常听到有些父母这样抱怨自己的孩子："这么不争气，养你有什么用？""上学有什么不好？这样不爱学习的孩子扔掉算了！"也许这些都是气话，但孩子会很容易当真，而且从另一个侧面，这也反映出许多家长的一种心态——对孩子的爱不是无条件的，而是有条件的，至少需要孩子用听话、爱学习来交换。

其实爱是一种意识形态，需要有一个持久的意会过程。许多父母并不明白这一点，以为自己付出了爱，孩子就应该马上感受到，就希望孩子立刻做出回应，这实在是一种不科学的主观想法。要想改变孩子的厌学情绪，付出爱心是基本的要素之一。家长对孩子的爱是发自内心的，是无私的、不求回报的，重要的是，能让孩子感受到父母给予的爱，并为这种爱而感动、行动。

（2）耐心

生活中，一些家长常常因孩子不爱学习而斥责和打骂自己的孩子，多数原因就是家长在实施教育的时候缺乏耐心。他们常常因为孩子不能一下子领会自己的意图，不爱做功课，就火冒三丈，大声斥骂，甚至体罚孩子。这种没有耐心的教育方法，不仅起不到促进孩子爱学习的效果，相反还会使孩子产生自暴自弃和逆反心理，久而久之，更会影响亲子关系。作为家长，一定要明白，改变孩子的厌学情绪不是一件容易的事情，不能有半点儿急躁心理，也没有任何捷径可走。所以，父母需要有很好的耐心，要耐心地教育孩子，耐心地陪孩子玩，耐心地为他讲道理，耐心地听他说……

（3）细心

当有些孩子不满现状决定离家出走的时候，当孩子因成绩不好受了委屈默默悲伤的时候，不知道他们的家长在做什么？为什么会对孩子面临的困难毫无知觉？如果不是缺乏爱心的话，最大的原因就应该是对孩子不够细心。虽然生活中不乏粗心之人，粗心这个毛病也不容易改正，但是要想成为一个好家长，就必须改变自己，在教育孩子、养育孩子的过程中，必须细心。

（4）恒心

改变孩子的厌学情绪，对家长来说是一项长期而艰巨的任务。作为家长一定要有恒心，要坚持不懈地朝着既定目标对孩子进行培养和教育，绝不能"三天打鱼，两天晒网"，更不能碰到困难就轻言放弃。

好家长在教育孩子的时候，都有长期的计划和安排，他们深深懂得"只要功夫深，铁杵磨成针"的道理，因而绝不轻易放弃孩子，而他们的恒心、他们的坚持最终也改变了孩子。

冷淡计

——让孩子有一点自控能力

今天的孩子大多是独生子女，受到家人无微不至的关怀和照顾，然而这样的生活却让孩子养成了任性的习惯，这个坏习惯将给孩子未来的生活埋下巨大隐患。专家建议孩子任性时不妨试试冷处理，这会使孩子因得不到注意而自动收敛脾气。

该拒绝时要向孩子说"不"

现在的孩子是"小皇帝"、"小公主"，享受到了前所未有的爱护和物质享受。然而孩子们的要求却越来越多，花样层出不穷，让父母们着实有点难以招架。父母们爱孩子的心情是可以理解的，可是一味顺从孩子只会助长孩子的任性和贪欲，对孩子的健康成长没有一点好处。因此，父母们不要允许孩子不停的需求，在孩子提出不合理要求时就要态度冷淡地拒绝。

这是一位年轻母亲的教子心得：我的儿子叫小凯，今年 9 岁，他既聪明又漂亮，从小就受到了家人的宠爱。然而这两年，我们越来越觉得这孩子太任性了：走在街上看到什么就要什么，不给买就连哭带闹，因此我们只好一次次迁就他。半年前，我去听了一个教育专家的演讲，他的一句话对我触动很大："不讲原则的迁就孩子就是害孩子。"因此我决心要改变孩子乱要东西的坏习惯。在一个星期六下午，在儿子的要求下，我答应带他去逛街。出门前，我跟儿子约定：只看不买，否则就不去。儿子满口答应："行！"不过在我以往的经验里，带儿子逛商店，儿子的眼睛一旦瞄到玩具柜台上，不管合适不合适，只要他看中就一定要买。

到了商城，像以往一样，儿子照例要光顾一下四楼的玩具区。由于有约在先，我便放大胆子带他去了。儿子兴奋地东张西望，没一会儿，一种可以远程遥控的玩具汽车便引起了儿子的注意，他便缠着我要买，我说不买。这下可不得了了，他顿时坐在地上大哭起来，边哭边说，他最喜欢小汽车，一直想要小汽车，如果不买就回去告诉爷爷奶奶、外公外婆，只要买了他就听话，以后什么也不要……以前在这种情况下，我就给他买了，但今天我却站着不动，告诉他不能买的道理。

可他根本不理这一套，咬紧牙关一个字——买！并且越哭越凶，最后，索性赖在地上不走了。这时，服务小姐及许多顾客都围了过来："现在都是独生子女，就给孩子买一个吧。"你一言他一语的，说得我真是尴尬极了，真想一买了之。可是一想起自己的计划，便又横下一条心：不买！我冷淡地对儿子说："你走不走？你真的不走？那我走。"我躲在楼梯口，很久才见儿子抹着眼泪跟了出来。

回到家里，我开始告诉儿子，他什么样的要求可以得到满足，什么样的非分之想会被拒绝。儿子似懂非懂地听着。

有了这第一次成功的拒绝后，我就继续进行我的计划，孩子的爸爸也和我站在一起，对孩子不合理的要求一律冷淡地拒绝。半年下来，孩子果然改变了不少，他的不合理要求、不良习惯少了，家长会上老师告诉我小凯是个懂事又独立的孩子。

这位母亲的教育方法是非常成功的，父母对孩子提出的不合理要求，冷淡地予以拒绝，正是对孩子负责任的表现，一味地言听计从，就是溺爱孩子、害孩子。

孩子是没有自立能力的，他的需求很自然要靠父母来满足。可今天的孩子生活在现代社会，他们不仅从父母身上，也从电视上，从大街上看到这多姿多彩的繁华世界，他们的视野宽广，他们的欲望也变得强烈。而父母们常不忍心拒绝他们的要求，千方百计予以满足。可是人的欲望永无止境，小孩亦是如此，甚至更为强烈。不要说以有限的精力、财力、时间去满足孩子无休无止、花样翻新的欲望几乎是不可能的；就连对孩子的需求全部都予以满足的想法本身就是一种大错误。过于迁就孩子，等于间接促使孩子养成随心所欲、唯我独尊的不良思想，势必导致他们在日后迈入社会，进入实际学习、工作、交往中碰得头破血流，甚而误入歧途。

　　因此，在生活中，父母千万不要迁就孩子的不合理要求。对孩子非分的需求理当不要迁就之外，对孩子正当的要求，有时基于家庭的经济条件，或者出于教育孩子的目的，也未必一定全部满足。但是，不迁就孩子必须讲究方法。在孩子情绪激动时，要试图安抚他，要运用冷淡计：冷冷地拒绝孩子的要求，让孩子知道你坚决的态度，事后再把自己的理由坦率认真地告诉孩子，要相信孩子的认知能力，使孩子最大限度地理解自己的做法，让孩子感到父母不是不愿意满足自己的需求，而是自己的要求过分，或者家里的确有困难。促使孩子做到这一步，自幼明白道理与克己节制，心理承受一定的挫折，这对他们今后的生活道路亦是大有裨益的。

　　有些父母当时不迁就，可是经不住孩子的纠缠，或是由于心软，过一会儿又予以满足，这是最失败的。这样出尔反尔，定会让孩子产生这样的认知：即通过死缠硬磨的手段，无论什么样的要求都可以得到满足。也有些父母不注意相互之间的通气、默契，爸爸不迁就，妈妈却迁就了。又或许父母达成一致意见，爷爷奶奶却悄悄地予以满足，当父母提出批评时，老人又说这是他自己的积蓄，背后又在孩子面前唠叨。这样不仅会造成孩子心理失衡，误以为父母不疼爱他，说得好听，说什么事情做不到，其实可以办到，只是不愿意为自己花钱、着想。

冷对孩子的"牛脾气"

"现在的孩子越来越难管了！"一些年轻的父母抱怨说，"稍不如意，牛脾气就上来了。打也不听、骂也不灵，哄他吧，他还更来劲！"生活中，确实有不少这样的孩子，那么对于孩子的"牛脾气"家长应该怎样处理呢？

心理学家认为，孩子爱发脾气是由于家庭教育不当引起的。特别是独生子女，如果从小就事事以他为中心，吃不得一点苦，要什么给什么，那么孩子就会养成遇事爱发脾气的习惯。

吴卓宇是小学五年级学生，外表看起来有点内向，然而，脾气却异常暴躁，许多时候控制不住自己。其实，小时候的他并不是这样，不知为何，随着年龄的增长，本来尚属听话的吴卓宇却像换了一个人似的。为此，他的妈妈带着他找到了心理咨询医生。这位母亲向心理医生诉说道：

"小宇小时很可爱，很逗人喜欢。后来不知从什么时候开始，他学会发脾气。脾气一来，九头牛都拉不转。他只要想干什么或想要什么，就必须立即得到满足，否则，就哭闹、打滚、扔东西、毁物品，甚至自虐——用头撞墙，扯自己的头发。他爸火暴脾气，他一闹，他爸就打。你越打，他越犟，一点也不示弱。眼看就要出人命，我只好央求他爸息怒，把他爸拉开，然后千方百计满足儿子的要求。可我却弄了个两面不是人。他爸埋怨，儿子也不领情……"

每个人都不希望自己的孩子是一个随意发脾气的孩子，可事实上发脾气是孩子成长过程中的必经之路，如果家长引导得不好，孩子就会像吴卓宇一样，养成乱发脾气的习惯，变成一个暴躁的孩子；引导得好的话，孩子的脾气就会成为每一次教育孩子成长的契机。

要解决孩子乱发脾气就要先知道孩子为什么发脾气。一是孩子的需要没有及时得到满足，这些需要，有些是物质上的，比如，孩子想买一个玩具或者买一些零食。有时则是生理上的，比如，病了不舒服，而父母又不是十分的重视，等等。这并不是说父母必须满足孩子的一切需要。当父母的要分析孩子的需要是否合理，既不要忽视孩子的心理、生理需要，也不能让孩子的需求感变成贪婪欲。

有时候处理孩子的问题要像冰激凌一样冷既然孩子发脾气可能是为了获取某种满足的手段。那么，我们怎样才能改掉孩子乱发脾气的习惯，或者说对孩子发脾气采取什么样的对策才是可行的？

专家的建议是：一是不能向孩子"俯首称臣"；二是当孩子发脾气时，适当地采取"横眉冷对"的方式；三是父母"以身作则"，让孩子从榜样的身上学到正确的东西。

孩子发脾气就向他屈服是最不可取的教育态度和教子方法。当孩子乱发脾气时，父母要保持冷静，对孩子的不合理要求绝不迁就，始终要让孩子明白，无论他怎么发脾气，父母都不会"俯首称臣"，他始终都达不到自己的目的。当孩子已经"雷霆万钧"时，不妨运用冷淡计，父母及其亲人都不去理会他。事后，再当着孩子的面，分析一下他发脾气的原因，细心地引导、教育孩子，相信孩子会从一次错误的行为中吸取教训。

专家认为，父母在阻止孩子坏脾气发作的时候，既不要采取过于强硬的态度，也不能采取过于软弱的态度。最好是能够迅速而果断地将孩子的注意力转移到其他方面，以缓和紧张的局势。也就是说，当孩子正处于发脾气的时刻，父母不要一心只想到训斥孩子，因为孩子这时是听不进去的；也不要强迫孩子或者用武力威胁孩子马上停止发脾气。最简便的方法就是运用冷淡计把他撇下不管，或把他送出门外，让他一个人去发泄，去自我克服、自我平息。这样坚持一段时间后，孩子就会渐渐改正乱发脾气的习惯，因为他知道这样做是什么也得不到的。

授挫计

——给孩子一个体验失败的机会

美国教育家卡乐尔·桑德堡说："顺境当然可以出人才，但逆境也可以出人才。而且在逆境中经过挫折和千锤百炼成长起来的孩子才更具生存竞争力。"也就是说为了增强孩子的耐挫力，父母们不妨有意识地给孩子创造一些适度的挫折情境，这种挫折教育对增强孩子的心理承受能力大有好处。

鼓励孩子直面挫折

与外国父母相比，中国的父母们总是显得有点太过小心翼翼，他们给缺少生活经验的孩子准备好了一切事情，生怕孩子受到挫折。然而父母能一辈子这样照顾孩子吗？孩子在成长过程中总会碰到各种各样的挫折，到那时这个脆弱的孩子又怎样自己渡过难关呢？因此父母要鼓励孩子从小就勇敢地面对挫折，让他们成为生活中的强者。

在日本的一个村庄里，有一对夫妻四十得子，因而对孩子宠爱有加，这使得在蜜罐中成长的儿子养成了一意孤行的脾性，他无论做什么都不太专心，就连走路也走不好，时常跌进水沟里，很是让望子成龙的父母焦心。

儿子7岁那年上了小学。可是他还是不能让父母放心，因为他走路喜欢东张西望，不是弄湿了鞋子，就是弄脏了裤子，经常抹着眼泪回家。

一天，孩子的父亲带一把锹去儿子上学必经的田埂上，在上面断断续续地挖了近十道缺口，然后用木板搭成一座座小桥，只有小心走上去才能通过。那天放学，儿子走在田埂上，看到面前一下子多出了这么多的小桥，非常惊慌，不知道该怎么办好。是走过去，还是停下来哭泣？四顾无人，哭也没有人帮忙啊。最终他选择了走过去。当背着书包的他晃晃悠悠地通过小桥时，虽然很害怕，但却有种满足感。他第一次没有哭鼻子。

回家以后，儿子跟爸爸讲了今天走过一座座小桥的经历，脸上满是神气。父亲坐在一旁夸他勇敢。

但妻子却对丈夫的举措迷惑不解，丈夫解释道："道路太平坦了，他就会左顾右盼，当然会跌倒；坎坷的路途，他的双眼必须紧盯着路，所以才能走得平稳。"

你猜到故事中的儿子是谁了吗？他就是如今赫赫有名的"经营之神"松下幸之助。正是父亲苦心挖断松下幸之助顺利前进的路，才培养了他直面困难、战胜困难的勇气和信心，也才有了他今天的成功。

在日本，像松下幸之助的父亲这样故意给孩子制造挫折的教育方式是很普遍的，他们认为只有让孩子从小经受一些挫折，日后他们才能独立战胜生活中的挫折，从容地走向成功。

父母们应该看到这一点，当你替孩子解决麻烦的时候，也便剥夺了孩子自己体验成败的机会，从而也纵容了孩子的依赖性，让他们无法从生活中体验战胜挫折后的自信。人在一生中将会遇到很多困难，父母不能永远充当孩子的保护伞，因此，当孩子遇到困难不知所措时，家长应该鼓励孩子勇于面对困难，让孩子转动脑筋，充分利用智慧自己去解决，而不是父母亲自动手为孩子扫平道路。用你的鼓励，从小培养孩子直面挫折的意识和坚强地承受挫折的能力，方能有效地激发孩子生命的能量，使他们的自信心、创造力在危急与困难时刻发挥到极致，增长孩子竞争取胜的才干和驾驭生活的能力，而父母也少了许多不必要的麻烦。

把挫折当成教育的好机会

生活中，很多父母都担心孩子犯错误，其实他们不知道犯错误是孩子很好的学习机会，同时也是父母教育孩子的好机会。让孩子为自己的失败、错误负责，让他们自己从中吸取教训，这对孩子的成长是非常有好处的。

我们建议家长在教育孩子的过程中，不妨适当运用一下授挫计，就是当孩子犯下了不会造成严重后果的行为上的错误时，家长不要急于去纠正，而应让孩子自己承担错误造成的后果，这样孩子就能更深刻地认识到自己的错误，进而自觉改正错误。

一位中国母亲讲过这样一件事：有一天，我丈夫的美国朋友格林夫妇带着他们两岁的儿子卢克来家里做客。格林夫人进门后扫视了一圈，发现客厅里铺着地毯后，就放心地把小卢克一个人放到沙发上，然后到餐桌一边和我们一起包饺子，倒是我有点不放心，一会儿看一下孩子在干什么。过了一会儿，我突然发现小卢克爬到茶几旁边，抓起一个包好的生饺子就往嘴里送。我大吃一惊想赶快阻止孩子，但格林夫人却拦住了我："让他吃，这样他才会知道生饺子不能吃！"小卢克很快就皱着眉头把嘴里的生饺子吐了出来，在以后的四十分钟里，小卢克在沙发上爬上爬下，在地毯上滚来滚去，但再也没去碰过塑料板上的生饺子。

这位中国母亲感慨地说，如果是中国母亲，她会怎样去处理这种情况呢？我想大概是和我一样赶快跑过去拉住孩子，然后大声告诉他生饺子不能吃，然后把生饺子端走，到头来孩子也没弄明白为什么他不可以吃生饺子。这就是教育方法不同造成的，人家奉行的是挫折教育，我们却生怕孩子受一点挫折。

中国的父母们还要明白，不让孩子承受挫折的一个害处是：孩子的心理会变得非常脆弱，无法承受一点打击、挫折。

在德国曾发生过这样一个故事：一家知名公司要招聘 10 名职员，经过一段时间严格的面试和笔试，公司从三百多名应聘者中选出了 10 位佼佼者。

放榜这天，一个叫弗兰克的青年看见榜上没有自己的名字，悲痛欲绝，回到家中便跳河自杀，幸好医生及时抢救，弗兰克没有死成。正当弗兰克悲伤之时，从公司却传来好消息：弗兰克的成绩原是名列前茅的，只是由于电脑的错误导致了弗兰克的落选。弗兰克欣喜若狂，然而这家公司却再次拒绝了弗兰克，理由是：如此脆弱的心理，何以担当重任。

生活中，父母们往往不理解挫折教育对孩子的重要性，总是全力帮孩子避开可能遇到的各种挫折，他们不知道自己因此错过了一次又一次教育孩子的好机会，这实在是一件很可惜的事。孩子们还有很长的路要走，做父母的都希望他们能幸福健康地生活，但这并不意味着家长就要无微不至地保护孩子，让孩子经受点风雨不是坏事，这会让他们拥有强健有力的精神支柱、健康的心理，以及战胜困难的毅力与决心，这样的孩子成长起来，自然会比在父母无微不至关怀下成长起来的孩子要有能力和幸福得多，父母对他们爱的意义也表现得要深远得多。

放手计

——培养孩子自己的事情自己做

不要什么都为孩子做好，家长应当试着放开手，让孩子自主地去做，第一次也许做不好，但以后就会做得又快又好。千万不要做包办父母，放开手为孩子创造做事的机会和平台，孩子才能有自立能力，父母们也会少些麻烦。

别给孩子太多的呵护

生活中，很多父母总喜欢给自己的孩子无微不至的呵护，把孩子的事情都包办下来，一一为孩子做好。这些父母似乎不知道，我们教育孩子的最终目标是要让孩子能够适应他自己未来的生活。因此，日常生活中应当教导他们学会独立地生活，而不要总觉得他们这也不会那也不行。

7岁的天天要去参加学校组织的夏令营，天天非常兴奋，在家里又跳又叫，然而妈妈却很担心，她觉得这对天天来说太难了！才7岁的孩子就要离开家，在外面和同学老师共同生活五天，孩子吃饭不习惯怎么办？孩子走不动怎么办？孩子生病了怎么办？妈妈给天天的班主任老师打了电话，再一次请她路上多照顾天天，又给天天准备了几套衣服，连帽子、手套都带上了，生怕晚上气温低冻坏孩子。除此之外，她又在天天的包里塞了一些高级营养品，叮嘱天天不要饿着自己。在天天临出门时，妈妈又告诉天天要注意安全，要这样、要那样，一副没完没了的样子，弄得天天都有些不耐烦了。天天走后，妈妈还坐在沙发上念叨着："一个小孩子怎么照顾自己啊！"结果两天后，不放心的妈妈开着车追到夏令营去了……

天天的妈妈是个慈爱的好妈妈，但却不是一个成功的妈妈，她过多的保护、过分的呵护只会阻碍孩子的发展，让孩子无法自立自理。孩子终究要独立生活的，为了让孩子能顺利地适应他未来的生活，父母们有必要运用一下放手计，大胆地让孩子自己去照顾自己，不要让他们永远生活在父母的呵护里。

训练孩子的独立能力，我们当父母的人可以教导孩子从一些简单的工作着手，例如早晨起床自己穿衣、刷牙，等等。这些不仅是日常生活的步骤而已，它更能训练孩子自动地管理自己的行为，培养孩子的自立精神。

父母既要放手让孩子自己走出去，又要保证我们的孩子能够"安全出行"。一方面需要父母对孩子进行严格的训练，另一方面却不是"三分钟热情"能够解决的。比如，培养孩子一些简单的日常生活习惯，刚开始父母和孩子都会很热心地按计划实行，但是时间一久，一些父母就会又恢复原状了，这种对孩子缺乏长久性和一贯性的培养，反而会在孩子的性格中留下很多负面影响。

与父母过分的叮嘱和过分的呵护截然不同的教育方式是重视培养孩子的自理能力和自强精神。发达国家中的父母们，在教孩子独立自强这方面所取得的成功，尤其值得我们好好地研究与借鉴。

举例来说，在美国，家庭教育是以培养孩子富有独立精神、能够成为一个自食其力的人为出发点的。父母从孩子小时候就让他们认识劳动的价值，让孩子自己动手修理、装配摩托车，到外边参加劳动。即使是家庭富裕的孩子，也要自谋生路。美国的学生有句口号："要花钱自己赚！"乡村家庭要孩子分担家里的割草、粉刷房屋、简单木工修理等活计。此外，还要外出当杂工，出卖体力，如夏天替人修整草坪，冬天帮别人铲雪，秋天帮人扫落叶等。在富足的瑞士，父母为了不让孩子成为无能之辈，从小就着力培养孩子自食其力的精神。譬如，一个十六七岁的女孩子，从初中一毕业就去一家有教养的人家当一年左右的女佣人，上午劳动，下午上学。这样做在中国父母看来似乎难以理解，但瑞士父母却认为大有好处。这样做一方面可以锻炼孩子的劳动能力，让孩子寻求到独立的谋生之道，另一方面还有利于学习语言。因为瑞士有讲德语的地区，也有讲法语的地区，所以一种语言地区的姑娘通常到另外一种语言地区的人家当佣人。其中也有相当多的人还要到英国学习英语，办法同样是边当佣人边学习语言。等他们熟练掌握了三门语言后，就去公司、银行或商店就职。长期依靠父母过寄生生活的人，被认为是没有出息或可耻的。

比较一下天天妈妈"孩子太小，只能由我照顾"的教育方式，不知中国父母做何感想呢？父母们都应该明白，你们是无法照顾孩子一辈子的。

一个真正疼爱孩子的母亲应关注的是孩子将来是否能自己应付外面的世界。将一个在慈母庇护下，毫无自我生存能力的青年推入未来的社会是最为残忍的事，也是爱孩子的母亲不忍看到的结局。想使孩子能成功地走入外面的世界，必须从小开始培养自立与自信。如果我们替孩子做所有的事，便不能达到这一目的。在这样的抚养下成长起来的青年，外表人高马大，内心却是畏畏缩缩，缺乏勇气。这样做使他丧失了自信和勇气，也使他感到不安全，因为安全感是建立在能够用自己的能力去对付处理问题的基础上。我们这种自以为无私的行为，剥夺了孩子发展自己能力的权利，但这恰恰是孩子成长最珍贵的要素。

望子成龙从培养孩子主动性开始

其实，孩子们有一种天生的主动性，他们很小的时候就有干一些事情的欲望，可是生活中太多的父母却都放不开手，担心孩子做不好、会伤害自己，结果他们的"好心"压制了孩子的主动性，让孩子变得懒惰无能，处处依赖父母。

我们应不断地培养孩子们的独立自主能力。我们应当在他们一出生时就开始这样做，并持续到他们成人为止。生育一个孩子是十月怀胎的事，而培养一个孩子将会用一生的精力。我们相信自己的孩子会茁壮成长，我们应当用这种态度去解决和处理孩子成长时期的每一个问题。我们的孩子需要鼓励，需要我们尽全力帮助他们发展和保持这种勇气。

有一天，妈妈发现2岁的鲁尼正试着把妈妈掉在地板上的长裙塞到整理箱里，于是她开心地把鲁尼抱了起来，并决定让鲁尼做自己的助手。

"宝宝，地上有一张纸，帮妈妈捡起来放到垃圾桶里去。"

"宝宝，妈妈现在很忙，你自己学习把玩具整理好，好不好？"

鲁尼上完小学后，妈妈分配给鲁尼的任务就多了许多，也不再是简单的工作。"鲁尼，你是我们家的男子汉，去超市买两桶油吧！"

鲁尼中学毕业后，到纽约上大学去了，妈妈在电话里问他："有什么不习惯的地方吗？妈妈可以帮你做什么呢？"

鲁尼在电话中回答："除了想妈妈之外，没有什么不习惯的，我会照顾好自己！"妈妈知道自己的孩子已经具备了很好的独立生活能力，是一个有责任感的孩子，内心真是幸福无比。

我们常常会听到父母说孩子独立能力太差。比如"我像你这么大的时候，早就……"言外之意，孩子不仅不如当年的父母，长到这么大还是一个什么都不会，处处需要父母照顾的孩子！

事实上，在我们的生活中，也不缺乏这样的一些孩子。有的孩子上了高中，甚至考入了大学，仍然缺乏应有的独立能力，报纸甚至报道过一个大学生因为无法独立生活而退学的事。

同样的孩子，为什么有的孩子行为果敢，独立生活能力很强，而有的孩子则遇事犹豫不决呢？这与我们的教育有关。

教育学家指出，在孩子两三岁的时候，随着孩子生理结构和功能的发展以及能力的增强，开始出现独立意识的萌芽，这时候孩子非常希望自己尝试和参与成人的活动，家长就应该引导孩子去做他们力所能及的事情，让他们在日常小事中体会到成功的喜悦，从而增强自己独立处理事情的自信心，这样在以后遇到更大的挑战的时候不至于不知所措。可以根据孩子的年龄，交给孩子一些易完成的任务，通过劳动使其懂得要尊重他人的劳动成果，逐渐形成义务感、责任心，并且在独立完成家长交给的任务的过程中，培养孩子的独立性。

当然，培养孩子的独立生活能力不是一件简单的事，这既需要父母的慈爱之心，也缺少不了严格的独立生活能力训练。对孩子的培养要从小做起。当然一开始不能对孩子要求太高，但生活的自理能力却是非要独立不可的。这是为孩子制定成长目标的重要内容。为了实现这一目标，要长打算、短安排。孩子被送到幼儿园，半托或全托，孩子可能会哭闹不休，备感委屈，无论怎样，父母都要忍下来，没别的，目的就是让孩子接受锻炼。其次，父母要加强在日常生活中的指导训练。一两岁的孩子，就可以让他自己吃饭，自己收拾玩具、图书；到三四岁时，就要教孩子做一些力所能及的事情，如穿衣、系鞋带等。孩子上学后，父母要教给孩子如何安排时间，教孩子怎样上闹钟，怎样准备早点，以及科学的学习方法等。另外，要创造机会，让孩子在实践中培养能力，从事一些为家庭和班集体服务的劳动。能力的培养是一个反反复复的训练过程，是一个需要不断强化的过程，要多鼓励孩子，决不要因为出了点问题而中断训练。家长应积极支持孩子自己动手做事的愿望，不要怕孩子干得慢、效果差，也不要因为怕麻烦而剥夺孩子从小动手的机会，为了达到培养孩子独立生活能力的目的，应该让孩子经受一定的挫折体验。总之，孩子的独立能力关键在于后天的培养和训练。

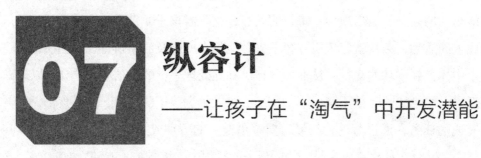

07 纵容计

——让孩子在"淘气"中开发潜能

一些父母抱怨自己的孩子"太淘气"是"破坏狂",其实这类孩子往往很聪明,求知欲、好奇心都比较强,意志力也比一般孩子来得坚定。因此,聪明的家长要试着"纵容"孩子的淘气和"破坏"行为,并借机挖掘潜能,培养兴趣,说不定你的孩子就是另一个"爱迪生"。

别怕孩子搞"破坏"

给孩子新买的电动车,被孩子拆得七零八落;爸爸旅游时带回来的工艺品小木船,也被孩子给"分解"成一块块碎木片……这几乎是每位家长都会遇到的情况,那么家长们在这种情况下通常会有什么反应呢?大声呵斥,耐心劝导?不,我们给家长的建议是您何妨纵容孩子一次,满足孩子的好奇心,让孩子在"搞破坏"中提高创造力,不也是一件好事吗?

希尔是个生活刻板严谨的人,做事情总是规规矩矩。但这么一个讲究纪律的人,却有一个最调皮捣蛋的儿子布鲁克林。

有一次,布鲁克林竟然把一块金表给拆开了,要知道这块表是布鲁克林故去的爷爷留下来的遗物。希尔一直十分珍惜，总是带在怀里，从不离身。不久前表出了点故障，必须拿去修理，哪知还没来得及修，就被他这个调皮的儿子给翻了出来。现在这表被大卸八块，零件散落了一地。希尔立即暴跳如雷，一耳光将儿子扇得坐在地上，而且还准备再冲上去打他一顿。

然而妻子却拦住了他："请不要打了，你这样打孩子太过分了。"

希尔火冒三丈地说："不，这是他应得的！你看他把我的表弄成什么样子。"

"布鲁克林是弄坏了表，但是你认为一块表比自己的儿子更重要吗？"

这时，布鲁克林抽抽咽咽地辩解说："我没弄坏表……我只想帮你把它修理好……"

妻子在一旁气愤地说道："不管布鲁克林是修表还是拆表，你都不应该打他，恐怕又一个'爱迪生'就这样被你给'枪毙'了。"

希尔愣了一下，问道："我不懂你这话是什么意思？"

"孩子拆开金表，他也只是想知道金表里到底有什么，这是一种好奇心，这是有求知欲和想象力的表现，也是一种创造。如果你是一个明智的父亲，就不应该打孩子，而应该理解孩子，要给孩子提供从小就能够动手的机会。"

妻子的话给希尔很大触动，当天晚上他带着金表零件来到儿子的房间，在真诚地向儿子道了歉之后，主动提出和儿子一起修理金表。小布鲁克林原谅了父亲，并答应和父亲一起修理。在这个过程中，希尔才发现儿子原来如此的聪明，手指也非常灵巧，他记得零件应该放在什么位置，甚至还能说出一些零件在手表中所起到的作用。

遗憾的是很多父母在不知不觉中，总是以种种理由抑止孩子这一好奇心驱使下的美好天性。

运用纵容计就不要怕麻烦，认为孩子搞手工劳动要摊放材料、工具，弄得家里凌乱不堪；也不要怕孩子弄脏衣服、弄脏了手。父母不妨为孩子提供专门的衣服、擦手的抹布。至于孩子使用剪刀、针等危险工具，父母开始可以指导孩子使用，以后再逐步让孩子独立使用。这样既可以避免孩子初次使用时，受到伤害，也能达到训练孩子心、眼、手的协调性和灵活性的目的。实际上，在一些"破坏活动"中，只要注意培养孩子的一些好习惯，许多问题都可解决好。父母千万不要因小失大，使孩子失去锻炼自己的机会。

让孩子在淘气中长智慧

　　孩子淘气是最让父母心烦的，他们精力旺盛，不停地惹是生非，给父母带来了无尽的麻烦。对于这样的孩子，一般家长的教育策略就是：严加管教，然而这样做效果并不好。有的孩子越管越"皮"，处处和父母对着干，无法无天地淘气；有的孩子被家长管得老老实实，对什么都没兴趣，家长让做什么就做什么，失去了自己的个性。其实对淘气孩子的最佳管教方式是：在约束中纵容。这是对纵容计的一种活用：纵容孩子淘气，但要注意引导孩子向好的方面发展，让孩子在淘气中学到东西。

　　有这样一个故事：有一个孩子非常淘气，好在他有一个开明的母亲，从来不会严厉地压抑他的天性。有一天上课时，一名女学生突然发出一声惊叫："蛇！"全班顿时炸开了锅，一片呼叫声。一些学生爬上了桌子，还有一些往教室外逃。年轻的女教师慌了手脚。这个孩子却镇定地趴在桌子底下，伸手一把抓住一条蜥蜴，往一个小纸盒里一塞放进书包，若无其事地坐到位置上。班主任老师把他叫到办公室狠狠批评了一顿，并找来了孩子的母亲。

　　母亲把孩子领回家，但并没有批评他。她心平气和地问儿子："为什么要抓蜥蜴，不怕它咬吗？"儿子说："它没有毒，不咬人。""是吗？你怎么知道的？""书上说的。""你什么时候抓到的？""四五天了。""这么久了，喂什么给它吃？""我没有喂它。书上说，蜥蜴饿急了会吃掉自己的尾巴，我想试一试，看看是不是真的。它至今还没有吃掉尾巴。"母亲笑着拍了拍儿子的肩膀，鼓励他把实验做下去，并告诉他如何做好观察记录，同时向他指出：不该将蜥蜴带到学校。两个星期后，儿子兴奋地告诉母亲："蜥蜴的尾巴不见了。"母子一起剖开蜥蜴，在肚子里找到了尾巴。孩子高兴得不得了。正在这时，市里要举行科技小发明小论文竞赛。母亲就鼓励孩子把蜥蜴实验的记录写成一篇观察报告，结果这篇报告获得了小论文二等奖。那天放学后，孩子把奖状端端正正捧在胸前，在同学羡慕的眼光里走出校门。

这个事例告诉了我们这样一个道理：淘气的孩子并不是一无可取，只要父母管教得当，孩子就会大有可为。

欧美很多国家对儿童教育的研究显示，淘气的孩子往往最具有坚强的意志力，而且通常很聪明。事实上，有时候孩子的淘气行为就是他具有开拓精神与创造力的一种表现。所以，父母应避免过分压抑孩子的反抗心理，顺势而为，开发"淘气包"的聪明潜力。

为了有效地开发淘气孩子的潜能，为了让孩子从错误中成长，专家给出了以下建议：

（1）引导孩子改过。

接纳孩子已犯的错误，注重事后的引导，是十分重要的，并给予孩子改过的机会，使其从改过的过程中领悟出道理；否则，反正父母是不再给自己机会，也不再对自己存希望，还用改过吗？进步的效果也就达不到了。

（2）不要随便责骂孩子。责备孩子前，先站在孩子的立场设想一下，想想他们的能力、感觉。例如孩子吃饭时打破了饭碗。"饭碗太大了，你的小手不够大吧？""所以，吃饭时就最好不要东张西望、看电视啦！"孩子也就觉得父母替自己设想，不是完全责怪自己，会发出内心的自我反省，不再存心推卸，并尽力避免下次再犯。

（3）帮孩子分担一部分责任。替孩子分担一小部分责任，减轻他们的心理负担，亦有助于他们反省。在孩子年龄较小时，不应给予太多责备，目的只在于给他们认错及思考、吸取教训的机会。

处罚计
——让孩子正视自己的错误

教育孩子就要赏罚分明，孩子做得好要给予奖励，但孩子做错事时一定不要姑息，哪怕只是小错也要进行适度的处罚，这样孩子才能正视自己的错误，及时改正，免得在错误里越陷越深。

罚小错才能免大过

有一句话叫做"星星之火，可以燎原"，一点小过错不断纵容，也会累积成大过。因此，父母在教育孩子时，一定不要纵容孩子的小过错，要不然只会害了孩子。

有一种父母，对孩子的小过总是姑息纵容，如果碰上心情好的话，甚至还要表扬两句。等到孩子把小错变大过时，他们就又变得异常愤怒，严厉地责罚孩子，这种教育方式也是极不可取的。

6岁的小航总喜欢玩火，只要是与火有关的东西，例如火柴、打火机，甚至于家里的炉灶他都要去摆弄摆弄。小航的爸爸自己也喜欢各式各样的打火机，从气体、电子式到机械式打火机，甚至于还有古老的"火镰"……对于小航玩火的行为，父母从来没有给过任何处罚，他们觉得玩火也不是什么大错。看着儿子熟练地使用各种火机，小航的爸爸甚至还得意地说："瞧，我的儿子就是像我！"

一天，小航在家里玩一个爸爸刚买来的打火机时，一不小心把自己的帽子烧了个洞，脸上还蹭上了不少黑灰！小航的妈妈看到儿子的狼狈样，非但没有狠狠地教训他，反而笑得喘不过气……过些日子，父母带小航去农村的姥姥家，一不留神，小航居然和几个表兄弟一起玩起火来，不知什么时候开始，姥姥家的草垛已经燃起了熊熊大火！小航的爸爸跑来，怒发冲冠，拉过小航来就是一顿痛打！

在这个故事中，我们应当指责孩子不懂事吗？为什么孩子玩火得不到父母的约束、管制？难道当父母的就一点儿也不知道"玩火自焚"的道理？

为什么小航烧了自己的帽子，父母居然视而不见？妈妈还"笑得喘不过气来"，一点儿也没有当场处罚孩子错误的想法？

一个6岁的孩子还无法正确认识自己的行为，父母的纵容会让他以为自己的玩火行为是正确的。直到孩子一把火烧了姥姥家的草垛，当父母的才如梦方醒！

类似于小航父母的教育行为在生活中并不少见，也不知多少父母都是如此地处理孩子的过失行为——"小错嘛，哪个孩子没有？能将就过去就算了"；等到哪一次孩子犯的错误大了，父母就又觉得不把孩子狠狠地打一顿、骂一顿，简直不足以让他牢记教训！

殊不知这样教育孩子的观点、行为都是相当错误的！这些错误的观点和错误的行为，当然只能收到适得其反的教育效果。

对于那些家有"玩火孩子"的父母，我们的忠告是：面对孩子的小错误，父母要立即纠正，正所谓"堵蚁穴而保千里之堤"。如果孩子犯下小错误，当父母的不能立即纠正，一旦孩子犯下大错误便后悔莫及了。父母们应该知道，尽管小孩的判断能力比不上大人，但是他们区别好与坏的能力还是有的。如果孩子犯了错误，在他的意识里，他会感觉到自己做了错事。此时，父母应当抓住孩子"我犯错误了"的心理，立即进行有效的教育和行为上的纠正，这样一来孩子就不会再犯这类的错误。

另一种情况是孩子已经自觉到自己的错误，父母在旁严厉指责时，孩子原本就有的自省心又缩回去了，反而用别的理由强辩，如此一来，即使给孩子什么特别的提醒也徒劳无益。换一句话说，当小孩犯下了一个很大的错误时，切忌在旁边气呼呼地指责、责骂，甚至于大打出手！最好先给孩子一些时间，让他冷静一下自己的情绪，过些时候再问他："那件事情怎么啦？""那件事你真是做得太过分了！"孩子因为在内心已经检讨过自己的缺失，因此会比较坦然地接受父母的意见。

让孩子为自己的过失承担责任

很少有家长意识到这一点：让孩子为自己所犯下的错误承担责任也是一种处罚。大部分家长常常是这样做的：孩子犯下错误后，家长赶快帮他弥补过失，事后再处罚孩子。其实这样教育孩子，效果并不会太好。在西方，每个孩子都很清楚地被要求对自己的行为承担责任，如果违反规则就要接受合理的教训。

亚历刚上大学时，爸爸和他约定：每月3号给亚历寄400美元的生活费。

结果第一次独立生活的亚历用钱既无计划也不节制。三天两头与同学到校园餐馆挥霍，看到喜欢的东西就买。结果第一个月还没过完，亚历的口袋里就只剩下几个钢镚叮当响了。第一个月，爸爸容忍了儿子的无节制做法，提前把第二个月的生活费寄了过来。然而亚历却不知悔改。第二个月、第三个月仍旧早早就把钱挥霍完了。

终于，在离第四个月的收款日还有14天的时候，亚历的口袋里又只剩下

27 美元了。万般无奈之下，亚历只好拍了一封电报回家，内容简短明了："爸爸，我饿坏了。"爸爸很快回了电报，也非常简短："孩子，饿着吧！"

这实在是太奇妙了。在那之后只有 27 美元的 14 天里，亚历绞尽脑汁节衣缩食，出手之前必会细细打算，竟然也把艰难的日子熬过去了。

从此以后，大手大脚的亚历开始精打细算，并且发现，其实只要稍稍节制一下不必要的支出，每月只要 300 美元生活费就足够了。这样一来，每个月亚历甚至可以积攒下一些钱。亚历用这些钱买了许多自己喜欢的书、磁带、唱片，做了一些比如自助旅游、捐款等有意义的事情，当然也没有忘记偶尔和朋友们到餐馆聚聚。

亚历的大学生活比以前过得充实而丰富了。

在这个故事里，爸爸给亚历的处罚是，让他自己承受错误造成的后果，这种处罚手段可以说是纠正孩子错误的良方，比责骂更能给孩子留下深刻印象，因为这种因果教训更能使孩子直观地看到自己的错误。

我们作为家长的目标就是让我们的孩子在生活中学会做人——引导、教育、帮助他们形成自我约束感——一种发自内心地对自我的制约，而不是来自外界的强制。任何不能使得孩子在生活中学习做人，不能维护孩子尊严的技巧都不能被称为约束，仅仅称得上是惩罚，不管它被包装得多好。

制冷计

——给自负的孩子"泼冷水"

自负是指自我评价过高，目中无人，这种心理对孩子的成长是极为不利的，因此一旦发现孩子自负的苗头，父母就应当运用"制冷"的手段，适时地给孩子泼点冷水，让孩子学会理性地评价自己，正确地认识自己。

让孩子知道自己并非全知全能

孩子很容易骄傲自满，盲目的自高自大，这对孩子来说是非常危险的。自负会让孩子放弃努力，而且自负会让孩子孤立自己，在生活中处处碰壁，因此，父母一定不要让孩子变得目中无人，在孩子表现得过于自满时，向他泼盆冷水，让孩子看到自己的不足之处，就是纠正孩子自负心理的不错办法。

生活中，一些父母过于强调自信，不断给孩子灌输"你是最优秀的"思想，结果一些孩子变成了盲目自大的令人讨厌的人。

在深圳某重点中学里发生过这样一件事：音乐课上，实习老师刚走出教室，啪的一声脆响，一本书被狠狠摔在桌上，"有几个音弹错了，颤音也没唱出来，这样的水平还来教我们！"惊愕的目光都聚集在她——田宁的身上。她是学校的艺术骨干，从小深受执教于音乐学院的母亲的影响，弹得一手好钢琴，在声乐、舞蹈方面也不错，曾多次代表学校参加文艺演出或比赛并获奖。

田宁不仅有文艺特长，而且写得一手好文章。但就是这样一个好学生，同学们都不太喜欢她，背地里都叫她"冷血公主"。为什么呢？原来除了几个亲密的伙伴外，她不大爱同其他同学讲话。当有同学问她问题时，她总是很轻蔑地说："这么简单的问题需要问吗？！"久而久之，没人愿意答理她了。

另外，田宁的家境非常好，妈妈甚至带她去香港买衣服，因此打扮入时的她有很多优越感，经常挑剔讥讽其他同学。一旦某位同学打扮得漂亮一点，她就会很不屑地说："地摊儿货，瞧那穷酸样儿。"她也有自己的弱项——体育运动。但她不仅不力求改善，反而认为有体育特长的人都是"头脑简单，四肢发达"，并对他们嗤之以鼻。

生活中，像田宁这样的孩子并不少见，这些孩子通常看不起别人，总认为自己比别人强得多，把别人看得一无是处。在人际互动中，自负的孩子不懂得交往应以互相尊重、互相平等为原则，总是表现出一种优越感，盛气凌人，只强调自己的感受。

古人云：谦虚使人进步，骄傲使人落后。骄傲自大必然会对孩子的发展产生消极影响。骄傲自大的孩子常在自己的周围树起一道无形的"城墙"，形成与外界的隔膜，这使他们的心胸变得很狭窄。他们虽能取得一定的成绩，但往往没有远大理想和志向，而只满足于眼前取得的成绩。而且，他们看不到别人的成绩，只会"坐井观天"。骄傲自大的孩子很难和同学们友好相处，因为他们不能做到平等相待，而是总以高人一等的态度对待别人或喜欢指挥别人。骄傲自大的孩子情绪也不稳定，当人们不理睬他时，他会感到沮丧；当他遭到失败和挫折时，又会从骄傲走向悲观、自卑和自暴自弃，否定自己的一切，觉得自己什么都不如别人。因此，父母千万不要忽视孩子的自负心理，为了孩子的健康成长，不妨用制冷的手段帮孩子走出这个误区。

然而生活中，有多少父母能正确处理孩子的自负心理呢？一些父母甚至本身就对孩子的优越感负有责任。比如，有些父母由于自身条件比较优越，总是表现出一副扬扬得意、目中无人的神态，经常会流露出对他人的不屑。如他们经常议论同事的缺点，某某不如自己。孩子听到这些话，也会仿效父母，只看到自己的长处，而嘲笑别人的短处。因此，父母必须从自身做起，教育孩子回归理性，正确评价自我。

"泼冷水"不等于打击孩子

当孩子表现得太过骄傲自负时，家长要发挥"制冷"作用，给孩子泼点冷水降降"温"，但这并不等于粗暴地打击孩子，否则就是从一个极端走向了另一个极端。

哈利的爸爸是一个心理学教授，从他 2 岁时起，就一直表现出超常的才华，他比同龄的孩子更聪明，认识更多的单词。

然而，这个孩子的不幸正是由他的聪明引起的。小孩子总是很容易骄傲的，哈利也不例外。当他做对了数学题或是读了本好书后，总是想找人分享自己的快乐。然而正是这一点，引起了父亲的不满。因为哈利的父亲性格内向，不爱在别人面前表现自己。正如他自己所说，一个人应该谦虚稳重，不要总是那么自以为是、自满自负。

"哈利，你又在嚷嚷什么？"一天教授对着正在高声欢笑的哈利问道。

"爸爸，我又读完了一本好书。"哈利高兴地对父亲说。

"读完一本书是很平常的事，你用不着那么高兴。"教授说道。

"可是，这本书是莎士比亚的作品呀！我居然能把这么难懂的书读完，真是感到兴奋。"哈利说道，似乎正在等待着父亲对他的表扬。

或许是由于哈利的性格与他不同，或许是他认为应该纠正儿子的骄傲情绪，教授突然发怒："你吵吵嚷嚷的干什么？你以为只有你才有这个本事吗？我看你就是个骄傲自大的孩子。告诉你，我永远不会表扬你这样的坏孩子。"

"爸爸，我做错了什么？"受到了责骂的哈利委屈地说道。

"你做错了什么还需要问我吗？我警告你，不要成天叽叽喳喳的，这让人烦透了。"教授继续训斥儿子，"你不要以为自己是个了不起的天才。我告诉你，你什么都不是。我以后再也不想听到你那种赞扬自己的声音了。你是个笨蛋，你是在自欺欺人。"

教授说完，"砰"的一声关上了房门。

站在门外的哈利委屈地哭了起来，他不明白父亲为什么这样对待他。一种极坏的感觉涌上了心头，他的快乐和自信被另外一种东西所取代：我是个很糟糕的孩子。

从那以后，哈利不愿意再去读书了，他完全变成了另外一个人。这个原本极有才华的孩子最终一事无成。

看完了这个故事，我们不禁为哈利的不幸感到难过，他或许是一个有点骄傲的小孩子，但他那精通心理学的父亲，就没有比粗暴打击孩子自尊心更好的办法来教育孩子了吗？

在一次教育研讨会上，一位家长说："打击孩子也并非一件坏事，对于那些自负的孩子，我们就得狠狠打击他们一下，让他们收敛，否则，孩子怎么能成才呢？"

真的是这样吗？我们不妨来看看下面这个例子。

兰兰是个聪明伶俐、讨人喜爱的女孩。她的爸爸是一家大公司的经理，妈妈是一名出色的律师。在家里，她是爸爸妈妈的掌上明珠，要什么有什么；在学校里，她成绩优秀，是老师心目中的"尖子生"。良好的家庭环境，父母的疼爱，老师的赞誉，再加上自己的天赋，使兰兰产生了一种飘飘然的感觉，而且这种感觉一天比一天强烈——"我就是比别人优秀"，兰兰总是这样想。渐渐地，兰兰变了，在家里，她只要稍稍不顺心就对爸爸妈妈发脾气；在学校里，兰兰更爱表现和炫耀自己，取得好成绩就自鸣得意、沾沾自喜，甚至不把老师的话放在心上；在生活中，她总是拿自己的长处同别人的短处相比，认为自己高人一等，看不起别人。这样过了一段时间后，老师对兰兰的自负开始感到担心，于是她把这种情况反映给兰兰的母亲，并希望家长配合学校的工作，及早纠正兰兰的不良心态。妈妈是个对各方面要求都很高的人，她认为必须给兰兰一个深刻教训，让她克服自负。终于有一次，妈妈逮到了机会：那次兰兰没考好，数学才得了六十七分。妈妈斜着眼睛看着羞愧的兰兰，轻蔑地把试卷撕得粉碎，"这也叫分数吗？你不是认为自己比别人都优秀吗？怎么就得这点分！告诉你，你实在没什么了不起的，考得好点尾巴就翘起来了，丢人不丢人啊！你等着同学看你笑话吧！叫你骄傲！"这劈头盖脸的责骂让兰兰简直崩溃了，她不知道慈爱的妈妈为什么要骂她，只是听懂了两个字：骄傲。从那以后，兰兰再也不在同学、老师面前得意了，事实上她完全变成了一个自卑胆小的孩子。

这就是母亲无情打击造成的恶果，对于兰兰的骄傲自负，母亲本来可以用更温和一些的方式来改正它，这样也不至于给孩子带来心理伤害。

一个8岁左右的孩子，智力还没有充分发展，阅历还很浅薄，没有独立的思考能力，往往完全靠大人的评断来认识自己。大人生气之下脱口而出的一句话，常常是很偏激的，而且心情平静下来以后早把气话的内容忘记了。

但是孩子却听得很认真，记得刻骨铭心。他忽然之间发现自己在他人眼中是那样的不堪，心中突然十分惊异和沮丧，稚嫩的心灵难以承受那致命的打击，从此便极有可能以心灰意冷的态度来选择悲观的生活道路。

本来完全可能有锦绣前程的人在少年时代就凋谢了，这份打击真是太残酷了。不少孩子后来成绩不好，工作生活能力差，精神萎靡不振，该成才而未成才，大都跟他们的童心曾经遭受过的深刻痛苦有关。

这只是一个极端的例子，但不可否认的是，在现实生活中，父母蔑视孩子的事例数不胜数，虽然父母们做这些事的时候并没有意识到。要注意，我们所说的泼冷水，决不等于对孩子的心灵施压，这两种方法在本质上是有很大差别的，家长们千万不要走向极端。

包容计

——让孩子感受父母无条件的爱

孩子也许不够聪明，也许有很多缺点，可是作为父母，你绝对不能对孩子存有偏见，羞辱或嫌弃自己的孩子。对孩子一定要包容，要有信心，你怎样看待你的孩子，你就会得到一个怎样的孩子。

别用偏见毁了孩子

偏见对一个人的影响是非常大的，有了先入为主的印象后，你就很难正确地评价一个人。在教育子女这方面，家长尤其要留神，千万不要带着偏见去教育孩子。

有这样一个故事：达达是小学四年级的孩子，他很聪明，就是不爱学习，不仅如此，有时候他还喜欢耍点小聪明。比如，有一次他就把成绩册上的 39 分改成了 89 分，惹得父母又气又恨。有一段时间，达达看了几本科普书，他觉得自己应当努力学习，长大后当个科学家，也去研究机器人什么的。于是达达开始努力学习，结果在期中考试的时候，竟然由倒数第三名前进到了第 9 名。那天，他兴冲冲地拿着成绩单冲回家里，结果父亲在反复检查了成绩单的真伪后竟然说："成绩不错,抄同学题了吧?"妈妈也在一旁皱着眉头说:"达达,作弊是最可耻的,知道吗?你怎么越学越坏了呢?"

"爸爸妈妈,你们怎么这么说我?"满心等待父母表扬的孩子,心情一下子坠入到谷底,哭着跑回自己的房间。从此这个孩子放弃了努力,他的学习成绩又跌回到原来的水平,因为对他来说,成绩固然重要,但尊严更不容践踏,所以只有选择以一如既往的成绩来证明自己的清白。这不仅是父母的悲哀,更是孩子的悲哀。

由于父母平时对孩子已经有了"成绩差"这样一种先入为主的印象,在孩子进步后还是以原来的标准去评价孩子,对孩子造成偏见、成见的错误认识,结果既伤害了孩子的自尊和进取心,也影响了父母在孩子心目中的形象,孩子会觉得父母因为成绩差就打击我,这说明他们不是真的爱我。

然而很多家长都不自觉地对孩子形成了一种带有偏见的认识,尤其是对那些以前"公认"的"坏孩子"。大人们的这种偏见是对孩子心灵的暴力,严重地阻碍了孩子愉快健康地成长。

更糟的是有些家长,一旦发现孩子在年幼时有不聪明的表现,七八岁时有蠢笨的举止,便断言:"这孩子脑袋太笨了,这么简单的问题都不会,甭指望他(她)有出息了!"与错误的失望情绪随之而来的,就是父母对孩子的爱骤然降温,从此,孩子则随时能够领教到父母的责骂与轻视。其结果,肉体施暴,伤及皮肉;心灵施暴,损毁自信。受伤的皮肉很快康复,受伤的心灵却可能一辈子也难以愈合。

我们之所以认为,偏见对孩子成长有危害,不仅因为它会伤害到孩子的自尊心,还因为它会给孩子带来消极的暗示。比如说,在学校里如果老师按照学生的成绩排座位,那么坐在后几排的学生就会认为:"这就是说我没希望了,我被抛弃了!瞧,我是差生,永远也不可能坐到前几排,老师当然也不会喜欢我!"这样一来,孩子也就不会再费劲儿地去努力学习了。

父母们都应当认识到,偏见是对孩子心灵的暴力,在教育孩子的问题上,家长不应对孩子抱有任何成见，任何时候都不该有"这孩子注定没出息"的错误思想。否则这种伤害孩子心灵的态度会严重伤害孩子的自尊心，既不能使孩子充满自信，也不利于孩子其他方面的发展和成长。

所以，如果一个平时调皮捣蛋的孩子，突然收敛了往日诸多"捣蛋"的行为，变得安静温顺起来，那么家长和老师就应该相信孩子的变化，赞赏孩子改变自己的勇气和他的上进心，因为这很可能是因为某件事情给他带来了触动。家长每天都应该以全新的眼光来看待孩子，千万不要用旧有的心态评判他们，要知道成长中的孩子可塑性极强，过去不等于现在，更不等于未来。

任何理由都不应使你嫌弃孩子

中国有一句俗话："子不嫌母丑。"反过来也一样，哪怕全天下的人都看不起你的孩子，做父母的也要欣赏自己的孩子、热爱自己的孩子、包容自己的孩子，只要父母这样做，那天下就没有不成才的孩子。

在一间产房里，一个产妇生下了一个婴儿，等产妇清醒过来时，她向医生要求抱抱孩子。医生沉痛地看着她："夫人，我们希望你能挺住，虽然这难以令人接受。""他死了？"产妇吃惊地问。"不，但是孩子有缺陷，他的发育不完全，他没有下肢！"产妇愣了一下，然后坚决地说："把他抱过来！"医生小心翼翼地把孩子抱给了她，几乎不忍看她的表情。"天啊！他多漂亮啊！我一定要把他教育成最优秀的孩子！"产妇惊喜地叫了起来。时间一年年过去了，那个孩子坐在轮椅上踢足球、演讲，上了重点大学、出书……他果然成了一个优秀的青年，他的名字叫乙武洋匡，是一位身残志坚的残疾人。

做父母的没有不爱自己的孩子的，可能正是由于这种爱与忧虑使他们对孩子的某些缺陷更加感到无奈与怨恨，因而在生气时，或孩子不听话时，这种怨恨就发泄了出来。在父母看来，他们并不是真正的嫌弃自己的孩子，所说的话也不过是一时气话，但这些气话对孩子心灵造成的伤害却是无法弥补的。

父母的爱是对孩子的最大包容心理学家告诉我们，有天生缺陷的孩子、成绩不好的孩子，他们心理都比较脆弱，因此，父母对他们更应该包容，使他们时时感到鼓励和帮助，并且克服和战胜那些缺陷给生活和学习上所带来的不利与不便。同时，作为父母，为了鼓励孩子奋斗的勇气和增强对生活的信心，还应该更加细心和热情地去发现孩子的优点，发挥其长处。

因此，父母们请记住，不论是头脑还是容貌方面的缺点，都不应成为你责骂孩子的理由。最可悲的是这样一种母亲：刀子嘴，豆腐心。她们深爱自己的孩子，对孩子生活上关心备至。孩子在外面如果受了顽皮孩子的欺侮，她们会心疼得说不出话来，总要去讨一个公道；孩子受伤生病时，她们会不眠不休地照顾孩子。但是当孩子不读书或不听话时，她们却一点包容之心也没有了，好像要骂了才痛快。她们时常骂些过头话："怎么会有你这么笨的孩子？什么功课也不会做。你真是蠢死了！这样蠢，还不如死了的好！"骂过，自己气消了，对孩子又爱护如前。但是她却不知道，也从未认识到她这种刀子嘴对孩子心灵的伤害有多大！

每位父母都会望子成龙，望女成凤，面对自己的孩子，父母总是容易期望过高，有时候期望孩子能像自己一样有成就，甚至希望孩子青出于蓝胜于蓝。但是孩子就是孩子，他是一个独立的个体，父母并没有权力替他决定什么！就像诗人纪伯伦说过的那样："孩子来自你的身体，但并不属于你，你可以给他们爱，但不能塑造他们的思想。"

样板计

——父母要给孩子当好第一任老师

父母是孩子的榜样，孩子是父母的镜子，父母的言行举止都会影响到孩子。因此父母要严于律己，处处事事以自己的正确言行为孩子树立榜样，引导孩子健康成长。

家庭是孩子的第一课堂

孩子的健康成长，尤其是孩子健康心灵的形成，往往取决于孩子是否有一个良好的家庭环境，取决于父母的教养方式是否合理。为了让孩子能健康成长，父母一定要给孩子创造一个良好的环境。

有这样一个故事：有一年京城举行大考，一位秀才带着他近期将临盆的妻子前往京城应考，这样既不耽误考试，还可以照顾妻子。

谁知一路的奔波动了胎气，妻子在路上阵痛起来。秀才只好带妻子住进了一家酒馆，更巧的是，酒馆老板的妻子也正要生产。

当天晚上，秀才的妻子和酒馆老板的老婆先后产下两个儿子，母子皆平安。两个男婴算来竟是同年同月同日同一时辰生下的。两家人都非常高兴，这也算得上有缘了。秀才在考完回程时，又在酒馆住了三年多，每日教两个孩子习字、作画，两个孩子都很聪明，这让秀才越看越爱。后来由于家乡有事，秀才才告别酒店老板和妻儿一起回乡。

一转眼，16年过去了，秀才和酒馆老板的儿子都长大了，秀才的儿子没有辜负父亲的期望，考上了状元。老秀才高兴之余，想起酒馆老板的儿子与自己儿子的生辰八字相同，想来也有个锦绣前程吧。

回想当年酒馆老板收容妻子临盆之恩，秀才便准备了礼物，专程去拜访酒馆老板。等到了酒馆老板家，只见老板坐在门口吸着旱烟，秀才将礼物呈上，并问起了他的儿子。酒馆老板指了指门内，说道："喏，在干活呢！"

秀才顺着酒馆老板的指引，看到屋内有一个年轻人正站在柜台内给客人打酒呢！"是他，这可奇怪了。按命理说来，你儿子和我儿子生辰时刻相同，八字也一样，理应此时也该求取个功名才是，怎么会……"秀才满脸诧异。

酒馆老板大笑："什么功名，这小子从小跟着我卖酒、招呼客人，大字不识几个，拿什么去考功名啊！"

从这个故事里，我们就可以清楚地看到家庭环境对孩子成长的影响。两个同年同月同日生的孩子，在聪明程度上也不分上下，可是秀才的儿子考上了状元，酒馆老板的儿子却站在柜台前卖酒。因此教育学家认为，从某种程度上说，孩子的命运、成长方向往往取决于他的家庭环境。

家庭环境主要包括家庭的经济条件和父母的文化程度、思想道德水平、行为方式、生活习惯等。其中，经济条件如果不是入不敷出，生活难以为继的话，对孩子教育的影响关系不大，而父母的文化程度、思想道德水平、行为方式、生活习惯等则对孩子的影响非常重要。

事实上，好的家庭环境也并非指富有的父母，而是指父母关爱孩子，正直有品位，与孩子有良好的互动，这才是最适合孩子生长的家庭环境。

运用样板计，首先就要让孩子有个健康的成长环境，有个值得效仿的榜样。那么怎样才能做到这一点呢？

（1）夫妻相敬相爱

夫妻应该相敬互爱，而且要公开地让孩子们看到这种深厚感情。比如，父亲在生活中多照顾妻子，逢年过节向他们的母亲赠送礼物，出门时给她写信等。如果一个孩子了解他的父母是相亲相爱的话，父母就无需更多地向他解释什么是友爱和亲善了。父母的真实情感流入了孩子的心田，从而有益于他在将来的各种关系中发现真挚的感情。

（2）夫妇共同教育孩子

教育孩子是父母共同的责任，但在大多数情况下，在家务和养育孩子方面妻子要比丈夫付出的多，这样做是不好的，一个良好的家庭里，丈夫应该自觉地帮助妻子，这样不但会赢得孩子的尊敬，而且会使夫妻有更多的时间和精力抚养教育孩子，帮助妻子就是对孩子的爱。

（3）身教重于言传

父母需要主动地将基本的价值观和行为方式示范给孩子，以便于孩子在社会上成长。当然，身教胜于言传。当我们把垃圾放入垃圾箱里，孩子也会这样做；而如果我们随处乱丢的话，孩子也会乱丢杂物。如果我们待人接物彬彬有礼，助人为乐，处世豁达，我们的孩子也就有可能成为这样的人。孩子在潜移默化地模仿着我们，因此我们需要使自己成为好的榜样。

孩子正在看着你

孩子往往缺少辨别是非的能力，他们总是在无意识地模仿父母的行为，无论是好的还是坏的。因此，为人父母者一定要注意自己的一言一行，因为孩子正看着你呢。如果你希望孩子成为一个品德高尚的人，那就为他做出一个表率吧！

秋收的时候，一个心术不正的人，打算悄悄跑到别人家的田地中偷一些豆子。"如果我从每块田中偷一点儿,谁也不会察觉到。"他心想,"但是如果是这样的话,加起来数目可就非常可观了。"于是,一天晚上,他就带着6岁的儿子去偷豆子。

到了一块田里后,他压低声音说道:"孩子,你得给爸爸站岗,如果有人来就赶快告诉我。"然后这人就手脚麻利地开始偷豆子。不一会儿,就听到儿子喊道:"爸爸,有人看到你了!"这人一听,吓了一大跳,马上紧张地向四周看了看,但是一个人也没有看到,于是他把偷来的豆子放进袋子里,走进了第二块豆地。没想到刚偷了一会儿,儿子又大声喊道:"爸爸,有人看到你了!"这人又一次停下手中的活,向四周望了一下,但还是什么人也没有看到。于是他又低头干起来。"爸爸,有人看到你了!"儿子又叫了起来。这人停止收割,向四下看去,可是仍然连一个人影都没有看到。他十分生气,责问儿子:"你为什么总是说有人看到我了?你太调皮了,不帮忙还捣乱。""爸爸,"那孩子委屈地说,"我不是人吗?我看到你了呀!"

不要认为自己是自己,孩子是孩子,其实,孩子是父母的影子,在实施家庭教育的同时,家长要让孩子自信乐观,自己就要自信乐观,父母要让孩子诚实,自己就要诚实,如此才能真正做到以身作则。

家长们往往很难意识到自己才是孩子最重要的榜样。一项针对幼儿的心理调查显示,53%的孩子有自己模仿认同的对象,而其中78%的孩子以自己父母为认同的偶像。看到这里,不知各位家长心里有什么感受呢?请记住,如果你希望孩子具备为人称道的品质,那么就要先规范自己的言行,为孩子树立可资仿效的榜样。

父母是孩子最初的模仿对象,家庭是孩子的第一课堂,父母是孩子的第一任老师。孩子从父母那里学会的行为习惯和处世态度,对其一生的发展将产生极大的影响。父母的品质、人格,对孩子有潜移默化的影响作用,会影响孩子今后的成长。如果父母的行为榜样出现了偏差,孩子的思想行为就会出现偏差。而这种偏差将会使孩子养成坏习惯,从而也使他失去社会性人格的发展机会。

鼓励计

——给孩子不断进取的力量

孩子很容易对自己失去信心，很容易因为困难而放弃努力，因此，家长要不断地鼓励孩子，给他们前进的勇气和必胜的信心，这样孩子就能带着父母的期望改正缺点，不断进步。

为孩子的小进步鼓掌

孩子是非常敏感的，他们会把家长的鼓励当成他们前进的动力，因此，家长在发现孩子养成了不良习惯时，要及早为他指出来，告诉他正确的做法。而当孩子努力改正时，你就要肯定他，哪怕孩子只取得了一点小进步也要为他鼓掌。

在洗手间里，妈妈发现儿子刷完牙后又把牙膏随便扔在漱口杯外面。

妈妈非常生气，把尼克叫到身边，不满地说："尼克，你应该可以照顾自己的生活了吧！看，又把牙膏放在外面了。我不是对你说过牙膏用后要放到杯子里吗？"尼克根本没有把妈妈的话当一回事儿，只是心不在焉地回答："知道了。"妈妈见儿子反应平平，知道刚才说的话并未引起他的重视，于是冲他喊道："听着，尼克，你必须把牙膏放进漱口杯里！"尼克极不情愿地走进了洗手间，放好了牙膏，转身就走。"记好了，以后再也不要忘了。"妈妈再次强调。

第二天，尼克在刷完牙后，将牙膏认真地放到杯子里了，但妈妈什么都没有说。到了第三天，牙膏又被扔到杯子外面。

"喂，尼克，怎么搞的，你又忘了把牙膏放回去？"妈妈生气地说道。"我以为你忘记了。"尼克说道。"怎么这么说呢？"母亲疑惑地望着儿子。"因为昨天我把牙膏放在杯子里了，而你却什么也没有说！"

尼克为什么又犯了老错误呢？因为当他改正后没有得到妈妈的肯定和重视，因此他又泄气了。如果第二天，妈妈发现尼克把牙膏放在杯子里后，亲热地对他说："干得好，尼克！妈妈知道你一定能改正坏习惯的。"那么尼克一定会非常高兴，并愿意把好习惯坚持下去。

举这个例子就是为了说明，父母的鼓励对孩子的巨大意义。如果父母能重视鼓励的作用，灵活运用鼓励的手段，那么就能很轻松地帮孩子改正坏习惯。

9岁的卡特有个乱丢东西的坏习惯，他每天放学一回到家，就把他的书包、鞋、外衣扔到客厅的地板上，回到房间后，又把玩具丢得随处都是。

妈妈试过很多方法来矫正他这个毛病，但无论是提醒他、责备他还是惩罚他，都无济于事，在上述方法都不见效的情况下，卡特妈妈决定试试通过鼓励儿子的方法来使他改正毛病。

这天，卡特妈妈终于看到了卡特把自己的东西收拾得很整齐，她立即走上前去，轻轻地拥抱了一下卡特，高兴地说："看！我就知道你不是个没规矩的孩子！你收拾得多干净啊！"卡特刚开始很吃惊，但很快他的脸上就充满了自豪。因为他将自己的东西带入自己的房间而受到了肯定和鼓励，于是在这之后，他就尽力去这样做，而他的妈妈也记着每次都对他表示感谢和鼓励。

对于正在成长中的孩子来说，日常生活中的好习惯和坏习惯同时存在，如何鼓励孩子保持好习惯，矫正不良习惯，一直是困扰父母的难题。如果适当运用鼓励计来做这项工作，事情就会变得容易得多。

可是生活中，大多数家长往往不注意鼓励孩子的微小进步，他们对孩子的期望比较高，总希望孩子能一下子达到他们的要求。因而对孩子一些细小的进步不是很注意，反应比较冷淡。

父母不要因为孩子的进步太小，就不愿意给予鼓励，这会使孩子觉得家长对自己的进步漠不关心，认为自己的努力白费了。时间一长，孩子就会失去进步的动力，原来可以改变一生的进步也会因为得不到强化而消失。因此，无论孩子是在学习还是生活方面，只要孩子有进步就应给予建设性的鼓励，每有好的表现就要加强鼓励的感情色彩。

更多地给孩子精神上的鼓励

越来越多的父母已经意识到了，运用鼓励的手段可以促进孩子进步。于是五花八门的"鼓励计"被用到了孩子身上，有些是精神上的，但更多的是物质上的。教育学家建议：教育孩子要以精神鼓励为主。

生活中，我们常看到这样的场景："儿子，这次你要能考一百分，爸爸就送给你一辆最棒的模型车！""你争气点儿，要是能进前三名，我就带你去游乐园玩！"这样的对话继续下去，若干年后，也许就会发展成这样："我要是进了前十名，你们怎么奖励我？"多么可悲！鼓励变成了贿赂，孩子却反过来勒索父母，这就是滥用物质鼓励的结果。父母应当知道，奖励是对孩子行为的积极评价，是父母教育孩子的一种重要手段。奖励运用得好，不但可以增强孩子的自信心，而且还可鼓励孩子不断进步。

鼓励对孩子的促进作用是显而易见的，但做父母的必须明白，对孩子的鼓励并非一定都是物质上的、金钱上的，精神上的鼓励更能让孩子感受到来自父母的温暖。

邓超中学毕业后，以优异的成绩考上了一所市重点高中。接到通知书的那一天晚上，邓超问爸爸说："爸，你和妈妈都答应过我，考上重点高中就给我个惊喜。怎么样？惊喜是什么呀？"爸爸回答说："我和你妈妈对你的确有那样的承诺。原来的计划是要去北戴河旅游，但现在我们要和你商量一下，是否可以不去旅游，把那笔钱省下来，以你的名义捐赠给希望工程……"邓超对爸爸的提议有点犹豫，妈妈接着说："你能考上重点高中，我们都替你高兴！也觉得应当带你出去旅游一趟，表示我们的奖励。但想到我们自己的孩子能上重点中学，而一些贫困的孩子却连上学的权利都难以实现，因此……我们不强迫你，你可以考虑一下，哪个更有意义！""好吧，我们还是省下钱来捐赠给希望工程吧。今后我还要帮助更多的人！"

这种精神鼓励是非常有意义的，它既包含了激励因素，又不会让孩子产生唯利是图的不良心理，对孩子的成长有利无害。

但儿童心理学家也指出，精神鼓励也要努力处理好方式方法，这样才能使鼓励计发挥最大效用。那么，鼓励孩子进步时，我们应当记住哪些原则呢？

（1）对孩子的鼓励要有针对性。教育学家认为，如果父母的鼓励具有针对性，孩子们就能够学习到什么是好的表现，并将继续发扬这种好的东西。这就要求父母应该做到只表扬孩子具体的好的行动，而不是随意表扬。

（2）把握鼓励孩子的时机。当孩子第一次做出过去没有过的好行为时，要及时表达出高兴和赞赏，但是当孩子不断地表现出同样的行为时，就应该隔几次行为给一次表扬、鼓励，且间隔时间越来越长，不要每次都予鼓励，这样有利于孩子好习惯的养成。

（3）在孩子决心改正错误，或者已经改正了错误时，父母只要发现他们的优点或长处，都要及时进行客观的鼓励。尤其是对于那些意志薄弱、自制能力较差的孩子进行"及时鼓励"更见效果。这样做，可以帮助孩子摆脱自卑感，恢复自信心。

倾听计

——认真了解孩子的感受

　　每个孩子都有自己的心声，家长一定要耐心地去倾听，才能够真正了解孩子的想法、感受，才能对孩子生理及心理上的问题、变化做出及时而细致的处理。有了这样的基础，亲子之间才能良好沟通，建立良好、和谐的亲子关系。

倾听孩子的"潜台词"

　　孩子并不总是把他的意思表述得清清楚楚，他们也许会采用另一种表达方式向父母暗示。因此在运用倾听手段了解孩子时，一定要细心，要注意那些孩子没有明说出来的事情。

　　皮埃尔的父亲是一个法官，每天都要处理很多民事案件。

　　一天，皮埃尔问他的父亲："在我们这个地区，每天有多少孩子被抛弃？"听到儿子的问题，父亲感到很高兴，没想到儿子这么小就对社会问题这么感兴趣，于是他就耐心地给儿子讲了这方面的几个案件，然后又去查了数据。但是皮埃尔仍然不满意，继续问同一个问题："在尼斯市被抛弃的孩子有多少？整个法国呢？全世界呢？"

父亲感到很奇怪，经过一番思索，他终于明白了皮埃尔的意思：儿子关心的是个人问题，而不是社会问题；他问这些问题并不是出于对这些孩子的同情，也不是真正想得到这个数据，他其实是在为自己担心，担心自己将来会被父母抛弃。

父亲仔细想了一下，然后对他保证说："你担心我们会像其他父母那样将你抛弃，我向你保证我们决不会那样做，我们爱你，请你相信我们。"

皮埃尔听到父亲的保证，这才安下心来。

其实，许多孩子在与父母沟通时都不会明显地表示出他的想法或需求，这也许是出于自卑的需要或是别的一些原因。在倾听孩子讲话时，如果你不够细心，那么就会忽略了孩子的"潜台词"。

那么，怎样的倾听方式，才能使你更好地了解孩子话语中的弦外之音呢？

（1）始终对孩子的一切表示出兴趣。一些父母听孩子说话时总是一副心不在焉的样子，敏感的孩子往往会因此失去诉说的热情。如果父母对孩子以及孩子的活动表现出真实的兴趣，那么孩子就会感到自己是重要的。

（2）多留出一些与孩子交流的时间。在孩子的生活中，有时需要母亲或父亲，特别是母亲在他身边听他讲话。当孩子经历着内心的失败、创伤或有失望情绪时，他们特别需要温情的安慰。孩子也很想知道他们的父母在分享他们的好消息时的心情。

（3）专注真挚地倾听孩子讲话。父母应当集中注意力，选择一天不忙的时间和安静的地点，听孩子说话。在这段时间，用眼睛注视着孩子，表示是真心在与他接触。

（4）站在孩子的角度想问题。倾听别人讲话时，最重要的技巧是摆脱自己对问题的思想和感情，设身处地想他人在经历着什么。有了这种技巧就能感觉到孩子情绪的波动，并将自己符合实际的看法告诉孩子。

做多听少说的家长

一些家长渐渐意识到，倾听是亲子沟通的一项重要内容，是了解孩子、拉近彼此关系的有效手段。然而，在倾听过程中，家长还是容易犯一些错误，比如说的太多，听的太少，这样往往会影响了沟通的效果。

让孩子有表达他们心声的发言权多听少说，是倾听孩子讲话的重要原则之一，家长应该尽量多给孩子一些倾诉机会，自己则不要随便插嘴、说教。

薇薇安从学校回到家中，看到父亲正坐在沙发上看足球报，于是她把书包扔在桌上，坐到父亲身旁，生气地说："我今天被茉丽小姐叫到办公室去了。"

"噢，是吗？"父亲把报纸折好放在一边，转身面向女儿。

"茉丽小姐说我上课总溜号，不是一个好孩子。"

"是这样。"

父亲同情地点点头。

"我特别讨厌这个老师，她总是喜欢挑别人的错误。"

"是吗？"

"我讨厌上她的课，所以上她的课总是精神不集中，她真是让人讨厌。"

父亲没有说话。

"我真希望学校能给我们换个老师。"

父亲耸耸肩膀。

"不过我还得想办法适应她，学校不会因为我不喜欢她就换掉这个老师，如果再这么下去，我的成绩就会受到影响，这样做不大聪明，是吗？"

"是啊！好孩子，你说的对！"

"我觉得轻松多了！"薇薇安拿起书包回房间了。

孩子在发泄怨气时，他只需要一个听众，一个听他诉说烦恼的听众。而父母在此时，完全不必对孩子说教，只要认真地听孩子把话说完就好，即使他说的是错误的。这不仅是尊重孩子的表现，也是在为进一步沟通打基础。比如在这个故事里，如果薇薇安一直没想通的话，父亲就可以在她发完怨气、心情平静后，再找她谈一谈，这个时候孩子已经恢复了理智，很容易接受正确的观点。

因此，当孩子出现问题时，父母首先要了解真相。方法之一，就是积极聆听，以同情与认同的态度，站在孩子的立场，让他尽情倾诉，不要打断孩子的说话，加插自己的意见与批评。否则，对孩子而言，也没有多大作用。专心倾听是父母的主要责任，孩子心中的感受得以抒发后，烦恼自然会消失一大半。

另外，在倾听孩子讲话时还要注意两点：

一是当孩子需要你倾听时，即使很忙碌，也不要对孩子说："我现在没空，以后再说！"倾听孩子的诉说，为我们提供了一次了解和教导孩子的机会。因此，不论孩子提出的问题是什么，都要尽可能找时间立即去倾听，而不要让孩子等你有了空闲时间再说。立即倾听孩子的谈话，有助于赢得孩子的信任，这样孩子才愿意把他所有的事都告诉我们。

因此，当孩子有话要说时，我们要尽可能地立即与他交谈，这样孩子就不会失望了，他可以感受到他对于我们是多么的重要，他也就会更多地把心里话告诉我们。

二是倾听不是在摆姿态。如果我们将这种态度当作一个技巧采用，只是用此来骗取孩子的信任，一边做出倾听的样子，一边想着驳回的理由和转变他的想法的途径，完全不考虑孩子所述观点中的可取之处，只要不符合自己的看法就一概否定，内心深处还是认为以孩子的经验与认识又能懂得多少？如此反复几次，孩子便有上当的感觉，也就不会再接受你的倾听了。

14 赏善计

——让孩子在赞美声中进步

教育学家认为，教育孩子，奖励是比惩罚更有效的方式。因此他们建议，用奖励正确来代替惩罚错误，用肯定优点来代替否定缺点，这样既可以避免给孩子造成伤害，又可以使孩子取得更好的进步。

诚实可以获得更多奖赏

几乎每位父母都会遇到孩子说谎的问题，而通常父母采取的教育方法，就是给孩子严厉的惩罚。而儿童心理学家告诉我们，这种教育方法对改正孩子的说谎习惯效果并不好，它只会加深孩子的防卫心理，让孩子继续以说谎的方式掩盖自己的错误。

6岁的明明是个小调皮，经常闯祸。有一天，明明见妈妈不在家，就把妈妈化妆台上的水晶苹果拿出来玩，一不小心就摔碎了。明明很害怕，就把碎片扔进了垃圾筒里。但妈妈回来后还是发现了，她揪着明明的耳朵，问到底是谁弄坏了水晶苹果？明明撒谎说是小猫给踢下来的，可妈妈根本不信，最后明明只好承认是自己干的。妈妈更生气了，她狠狠地打了几下明明的屁股，"看你还敢不敢淘气！知道那是多有意义的纪念品吗？"明明嗓子都哭哑了，他只知道自己因为说了实话被打了，他决定下次再也不和妈妈说实话了！

不要认为严厉的惩罚可以遏制孩子说谎，这样做往往是适得其反的，当你发现你的孩子说谎时，千万不要气恼，甚至不分青红皂白地训斥孩子。尤其是当孩子主动承认错误之后，父母更要给予表扬，肯定他说实话是好的表现，然后指出错误的危害性，让孩子在赞扬声中知错能改。

但有不少父母，却很难做到这一点，往往在孩子说了实话后，知道是孩子做了错事，遏制不住地大发雷霆，甚至把孩子痛打一顿。试想这样对待犯错的孩子，那孩子以后还敢说实话吗？你应该运用"赏善"的手段，让孩子知道，勇敢地承认自己的错误，而不撒谎去掩饰错误，不但不会带来屈辱，还会受到奖励。

查理·梅尔森胆战心惊地站在爸爸面前，而爸爸手里拿着查理的成绩单："说吧！查理，你的数学真的是89分吗？"查理犹豫了一会儿，现在他决定说实话了："不，爸爸！对不起，我改动了成绩单，其实是69分。"查理想，爸爸一定会狠狠地骂我一顿，可是他却听到了爸爸的笑声，"好样的，孩子！知错能改就行！你没有继续撒谎，我很高兴。拿着，这是诚实的奖励！"爸爸的手上是一枚闪亮的银币。查理欢呼着接过银币，跑到街上去了。

孩子如同一张白纸，而握在父母手中的那支笔，将决定孩子的一生。在这个故事中，查理的爸爸在儿子说了实话后，原谅了儿子的错误，这使查理认识到，说实话并不可怕，这是完全可以被谅解的，不必说谎。因此当他砸碎了别人的玻璃后，才会主动地去承认错误。看来，遏制孩子说谎的习惯，奖励诚实确实比惩罚撒谎更重要。

另外，教育专家还给出几招，可以帮助父母们培养孩子诚实的品质。

第一，用具体的规则来要求孩子。光讲道理是不足以防止孩子说谎的，教育孩子诚实，必须要有行为规范的具体要求，让孩子从小就按诚实的标准来严格要求自己，自觉养成良好的品质。父母可以针对孩子的实际情况，提出"三不要"的具体要求，即不编瞎话，不讲假话，不谎报成绩等等。

第二，多给孩子一点诚实教育。可以用举实例、讲故事的方法给孩子讲做人不诚实会带来什么恶果，而诚实的品质对人的发展多么重要。要让孩子坚信，弄虚作假、坑蒙拐骗是可耻的行为，必将受到惩罚。教导孩子从小就做一个诚实的人，自己有缺点、错误要勇敢承认，做自我批评，也接受他人批评，决不隐瞒、造假。这样一来，孩子长大后才能坦坦荡荡、光明磊落地做人。

第三，屡教不改的情况下，应对孩子的撒谎行为进行适当惩戒。在认真耐心的教育之后，孩子仍然出现说谎等行为时，可以采取一定的惩罚措施。这种为"戒"而"罚"，也是爱的基本方式之一，然而这又是一种最令人棘手和带有风险的爱，因为孩子容易抵触施加惩戒的人。但是，如果你的惩戒适度，又执行得合理、巧妙，事后讲清道理，孩子会受益很大，并心悦诚服。当然，对孩子的惩罚，不要严厉到使他甘愿冒险说谎的地步。

孩子越夸越好，越骂越糟

父母们都十分热爱自己的孩子，他们希望自己的孩子是最聪明、最勇敢、最完美无缺的人。然而，这是不可能的，孩子们由于缺少自控能力，往往会有许多缺点：淘气、不听话、不爱学习、不讲卫生、说谎……于是一些父母就觉得很失望，责罚孩子，严厉地教导孩子，希望他们能很快改正缺点，结果他们更失望了，孩子越管反而越糟糕。这些家长都是很负责的父母，只不过他们用错了教育方法。

一位家长沮丧地找到儿子的老师："老师，您帮我好好管管小东吧！他怎么这么不争气啊！说谎、逃课、不听话，从来就没见过这么坏的孩子！这样下去我还有什么指望啊？！"老师惊讶地看着这位家长："你就是这样看待小东的吗？"老师随手拿起一张被墨水涂脏了一块的白纸，"你看到了什么？""什么？"家长不明所以地回答，"不就是一块墨点吗？"老师笑了，"为什么你就只看见了墨点没看见这张白纸呢？脏了的只是一小块，其他的地方还是雪白的呀！你眼中的小东说谎、不听话，这是他的缺点，可他还有更多的优点呢！他善良、聪明、会画画、动手能力强、热心……"家长笑了："我可真是个粗心的父亲啊！竟然忽略了孩子的优点，谢谢您，老师！"

　　生活中，很多父母总是盯着孩子的缺点和错误不放，就如同只看到墨点而看不到大张的白纸，这种情形对教育孩子是极为不利的。因为家长只看到缺点，就会不停地斥责孩子，责令孩子改正。而儿童心理学家告诉我们，孩子是越骂越糟，越夸越好的。只有运用"赏善"的手段，发现孩子的优点，肯定孩子的优点，才能帮助孩子战胜缺点，不断进步。

点拨计

——巧妙地提示孩子自觉走向正途

絮絮叨叨的说教，凡事替孩子包办的父母是孩子最不喜欢的，聪明的家长只会在孩子遇到难题或行为错误时，从旁稍加提示引导，帮孩子解决疑难。这样，孩子明白了道理，家长也达到了教育的目的。

通过提问让孩子正确思考

提问是一种教育孩子的很好的点拨方式，因为提问能够引起孩子的思考，让孩子对自己遇到的问题有一个全新的认识。而且，如果提问带有一定导向性的话，就可以使孩子向着自己的方向思考，进而顺利解决问题。

妈妈给兄妹两人买了一块美味的黑巧克力，并放在壁橱里，准备让孩子一起吃。五点钟，儿子放学回来了，妈妈去拿巧克力时却发现，巧克力不知道被谁偷吃了一多半，她想了想，就把小女儿叫来厨房。小女儿的表情很不安，妈妈问："孩子，巧克力不见了一多半，你知道它们哪去了吗？"女儿小声回答："不知道。"妈妈又问："那真遗憾！或许你能给妈妈出个主意，那本来是给你和哥哥买的，每人各一半，可现在怎么办呢？"女儿的眼睛含着泪水，低头看着地板。

妈妈叹了口气说："你认为偷吃了一大半巧克力的人，是不是还应该从那块小巧克力上再分吃一半呢？我的宝贝，你认为这公平吗？"小女儿终于抬起了头："妈妈，对不起，是我偷吃了巧克力！把剩下的那些都给哥哥吧，我保证以后再也不做这样的事了。这是可耻的，对哥哥不公平。"

妈妈用提问的方式，给小女孩以点拨，使她认识到自己的错误，并主动向妈妈保证，不会再做这类的事。如果妈妈用干巴巴的说教能达到这个效果吗？只有运用这种提问式的点拨，才能让孩子真正地反省自己的错误。

有这样一个孩子，他每天除了吃饭睡觉就是上网，和别人交流时总是一副目空一切的样子，他的爸爸想了很多办法，却一直不顺，打不开话题。

父亲没有气馁。这个孩子爱讲歪理，于是父亲心生一计，问他："再过两年你多大？"他烦了，大声说："当然是20！你干吗问这种白痴问题！"爸爸说："是啊，你是一年一年长大的，你也会成家，当你有了小孩，你也让他每天上网吗？"他马上回答："当然不行！"爸爸接着说："那你找个像你一样喜欢上网的女朋友怎么样？"他反应更强烈："那当然不行了！"爸爸说："是啊，己所不欲，勿施于人，你不愿让自己的孩子、女友沉迷网络，但你却这样对待你的父母，这样对吗？"就这样，他终于敞开了心扉。谈到最后，他向爸爸承诺并把电脑封好，再也不上网了。

教育学家早就指出，在对孩子的教育中，诱导、点拨比强制更有效。因为无论什么事，孩子只有从心底里赞同才能做好，而巧妙运用点拨计，就能够产生这样的效果。比如，通过多方式和多方位提问，父母不但能够了解更多的信息，还可以使提问的过程同时成为一个点拨式教导的过程，在与孩子的一问一答中，举重若轻、自然而然地达到教育的目的。

儿童心理学家总结了以下几种比较实用的提问方式，家长不妨参考一下：

（1）敲门砖式提问

这种提问方式主要是为了引起孩子的叙述，比如"你的观点是……"然后停下来等孩子说。其特点是，你问孩子一句话，就够他说好长时间了，你需要的信息也就反馈回来了。

（2）体贴式疑问

比如孩子说他很烦，并说了一大堆对朋友和学校不满意的话。那你可以这样问他："小朋友为什么不理你？""你学习有什么困难？""你希望妈妈怎么帮助你？""你还有什么要求？"

（3）重点式提问

对谈话中的重要部分提出疑问："你说根本没有希望了是什么意思？""你真的要放弃比赛了吗？""你是什么时候发现开始出现这种情况的？"

（4）重复式提问

当孩子对你说了许多事和他的想法之后，你可以说："你看我理解得对不对？你觉得是不是这么回事？"主要是为了确认，同时传递理解和关怀，理清谈话的内容。

（5）选择式提问

"要独立完成呢，还是让老师再给你找个搭档？""你看是自己复习呢，还是让表姐帮你复习？""这件事情你是自己向老师讲呢，还是妈妈去和老师说？""你是因为他不帮助你而生气，还是因为自己没有做好而自责？"这样问话的好处是，你已经把孩子回答的答案圈定了，孩子大多会从中选择一个，不会提出否定的回答。

（6）封闭式提问

为了快速启发孩子，达到教育目的，就要学会问封闭性的问题。比如问："这样做行不行？"孩子就会对你提出的建议和看法表示明确的赞成或反对。诸如"可以吗？""是不是？""行不行？"这类的问话都属于封闭性的。封闭性问题在有足够说服把握的时候非常有用。谈到一定程度，你觉得孩子会说"是"、"好"、"可以"时，及时提出这样的问题，他的思路就会被引到你的观点上来，并自觉按照你的意愿做。这个时候要注意，如果孩子不是口服心服，结果并不会理想，还会有隐患存在。

在温和的探讨中点拨孩子

其实孩子有了委屈、疑难的问题时，也愿意向家长请教，孩子犯了错误时并不拒绝父母的管教，只是他们无法接受一些家长的教育方式：严厉的斥责只会让孩子感到委屈难过。而家长斥责孩子的话即使再有道理，再有深意，孩子也不会去反省什么，因为他的心已经被愤怒和不平占据了。

要让孩子改正错误，那么一顿严厉的斥责就够了，只不过相同的错误，孩子很可能以后还会再犯；要让孩子深刻认识到自己的错误，真正反省，那么，家长就得运用点拨的手段，让孩子明白其中的道理，并自觉规范自己的行为。

怎样才能成功地点拨孩子呢？教育学家认为父母的态度和方式很重要。如果父母板着脸，不停地向孩子说教，那么即使父母的话字字珠玑，孩子也是听不下去的，更别说自行从中悟出道理了。因为父母的严厉态度让孩子感到害怕，父母的说教让孩子产生厌烦，这样做是根本无法达到教育目的的。

教育学家建议，父母应用温和的态度，在与孩子的探讨中启发孩子、点拨孩子。

军军是个非常调皮的男孩，上小学四年级。每天放学后，军军总是不做作业，放下书包就跑出去玩。为此，父母总是训斥他，有时还打骂他，可他却总也不改这毛病。有时在父母的强迫下，勉强坐下来做作业，可总是不专心，而且做得马马虎虎，错误很多，父母拿他也没办法。

有一天，军军的姑姑到他家来，正好看到军军的妈妈因为做作业的事在训斥军军，可军军很倔强，不管妈妈怎么说，他就是不开口，也不去做作业，气得妈妈要打他。姑姑见此情景，对军军的妈妈说："嫂子，我来和他谈谈。"军军的姑姑是位老师，她把军军带到他的房间里，摸着他的头问："军军，在外面玩得开心吗？"军军说："也不是特别开心。""那妈妈让你做作业，你为什么不做？""妈妈对我太凶了，总是骂我，我就是不做，故意气她。""那你觉得完成作业再去玩好，还是玩过再做作业好呢？"军军不说话，姑姑又说："你是不是也觉得做完作业再去玩，心里没有压力，也不用听父母的责备，会玩得更开心？"军军点点头。"姑姑知道，军军是个懂事的孩子，聪明也爱学习，就是妈妈不催，你也会主动完成作业的，是不是？"军军点点头，走到书桌前，打开书包，开始做作业，而且特别认真。

把握好大方向，具体的问题让孩子自己解决。军军的妈妈由此认识到了自己以前的做法是错误的，由于对军军粗暴的态度让孩子反感自己，越来越不听自己的话。从此以后，军军的父母改变了态度，不再严厉地责备他，而是以温和的态度对待他，军军变得懂事了，学习成绩也有了很大的进步。

其实，父母们都应该想到，既然想点拨孩子，就得让孩子先接受自己，实现良好的亲子沟通，这样孩子才能接受你的想法。另外，点拨就是让孩子自觉产生正确的想法，这是需要父母诱导而不是灌输的。

父母以温和的态度来对待孩子，是对孩子的尊重，也是高明的教育方法。家长只有掌握了这一点，才能成功地运用点拨计，才能实现与孩子的良好沟通。

（1）温和的态度让孩子不惧怕交流

父母以温和的态度对孩子，孩子在面对父母时就不会因为害怕父母而紧张、恐惧，也不会因为反感父母的训斥而产生对抗甚至仇视的心理，孩子会用一种平静的心情和父母交流，会认真听取父母的意见，也只有在这种基础上，点拨计才能发挥效用。

（2）温和的态度鼓励孩子说出真正的想法

当父母以温和的态度对待孩子，与孩子平等地交流，孩子觉得自己受到了父母的尊重，而父母温柔的眼神、鼓励的话语让孩子产生倾诉的欲望，使孩子会把自己内心的想法都告诉父母。

（3）温和的态度拉近亲子距离

态度体现了一个人的修养，与人交流时用什么样的态度，体现了一个人的修养如何，即使是父母在与孩子沟通时也不可忽视这个问题。温和的态度是一个人良好修养的体现，温柔的眼神、微笑的表情拉近了与孩子的距离，使孩子乐于亲近父母。

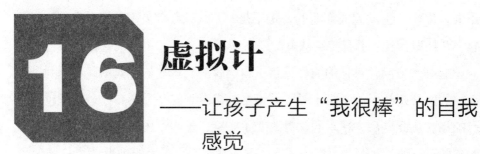

16 虚拟计
——让孩子产生"我很棒"的自我感觉

日本教育家铃木镇一说:"有了天才的感觉,你会成为天才;有了英雄的感觉,你会成为英雄。孩子找到了好孩子的感觉,他就会成为好孩子。"用虚拟的手段,给孩子制造一个"我很棒"的自我感觉,他就会逐渐"棒"起来。

把孩子变成世界上最幸运的人

每个孩子都可以成功,只要你能让他找到自信的感觉、成功的感觉,然而生活中,并不是每个孩子都有机会体验成功的滋味,有的孩子可能成绩不好,无法获得老师的表扬;有的孩子运动不好,从未得到过象征荣誉的锦旗,有的孩子其貌不扬,无法赢得人们的喜爱……这种失败的感觉对孩子来说是极其糟糕的,它很可能会导致孩子产生自卑心理。因此,家长有时需要用虚拟的手段帮孩子找到自信。

这是一个贫寒的家庭,靠着爸爸微薄的工资,一家人相依为命。家中唯一的儿子既懂事，又听话，可是不像一般孩子那么活泼，无论做什么，他都有一些畏缩，也许是因为过早品尝到了生活的艰辛，因而对自己缺少自信。

有一天，儿子眉头紧锁，显得心事重重。父亲把一切看在眼里，关切地问儿子，儿子起初怎么也不肯说，他不想为难父母，后来才吞吞吐吐地说："同学们都有自行车，只有我没有……"

父亲沉默了，因为家里实在没有多余的钱。

过了几天，儿子惊喜地跑回家，对父亲说："爸爸，给我一块钱吧。我要玩转盘游戏，转盘上有自行车。"

父亲看着儿子渴望的眼神，没说什么，把钱递给了儿子。

儿子欢天喜地地去了，不久便垂头丧气地回来了。

"我果然是世上最不幸运的人，早该知道买也没用的。"儿子忧郁地嘟囔着。

父亲意识到自行车对儿子的重要性，若有所思地转身走了。

第二天，父亲让儿子再去试一次运气。儿子有点迟疑，但在父亲鼓励下，还是拿着钱去了。这回，幸运降临了，儿子一蹦一跳地跑回家，对父亲说："我中了，我中到自行车了，我是世上最幸运的人，再大的困难也难不倒我了……"

十四年后，儿子事业有成，拥有了不薄的家产。只是那辆自行车他一直当作纪念品保存着。每当他受到挫折时，他都会想起自行车，想起他是世界上最幸运的人。

而那位父亲呢，一直保守着一个秘密。

父亲临终前，把儿子叫到床边："儿子，你知道那辆自行车是怎样中到的吗？"

儿子困惑地看着父亲："玩轮盘中的呀！"

"不，这辆自行车是爸爸买的。我从亲戚朋友那里借钱买了那辆自行车。因为，我想给你一种感觉，让你觉得你是世上最幸运的人……"

有这样一位懂得如何给孩子心灵激励的父亲，他的确可称得上是"世界上最幸运的人"了。

生活中，我们经常发现，有的孩子小小年纪便神情忧郁。在学校里，热闹的地方找不到他的身影；在家里，也总是缩在自己的房间里，很少和家人说话。这类孩子是典型的自卑主义者，他们因为长时间没有受到激励，没有任何成功的体验，因此形成了一种消极的人格特征。如果让他们带着这种情绪长大，走向社会，那么他们就很可能成为社会惰性群体中的一员，当然也就很难取得什么成就。

儿童心理学家认为，自信对孩子来说是最重要的性格特征，它能使孩子对生活中的许多困难产生心理免疫力。而这位父亲的伟大之处就在于，他能够运用虚拟的手段帮助孩子树立自信心，让孩子相信自己是世上最幸运的人。

总之，家长应该记住，把孩子变成天才的关键，就是要帮孩子找到那种自信的感觉，利用"虚拟计"就可以轻松做到这一点。而且你会发现这并不难：在孩子成绩取得一些进步时，热烈地为他祝贺；当孩子在手工制作或其他方面做得出色时，给孩子一个略显夸张的表扬，不要怀疑这种做法的作用，只要你能给孩子一个虚拟的成功，他就能成为世界上最幸运的人。

让孩子相信自己一定行

每位家长都希望把自己的孩子教育成才，而教育学家告诉我们，要想成功地教育孩子，首先就要给孩子塑造"好孩子"的感觉，只有孩子坚信自己"行"，他才能够成才。

如果家长想知道这种心理暗示的作用有多大，那么就请看下面这个故事：有一位热爱音乐的青年，在音乐创作的道路上摸索了很久，进步却很小。因此他经常怀疑自己是否有音乐天赋，对未来前途感到十分迷茫。后来他决定去拜访柏辽兹，希望这位他最崇拜的大作曲家指点迷津。

青年人演奏了一首自己创作的曲子后，诚恳地问："柏辽兹先生，您认为我适合从事音乐创作吗？"

柏辽兹听出来，青年人的演奏虽然很熟练，却缺少某种灵气，很显然，他对音乐的理解还停留在很浅的层次，甚至可以说根本缺少灵感。一个学过多年音乐创作的人，仅仅达到这个水平，可不是缺少天赋吗？因此，柏辽兹坦率地说："年轻人，我毫不隐瞒地对你说，你根本没有音乐才能。我之所以痛快对你下结论，是为了让你趁早放弃，另寻出路，免得浪费时间。"

创造有利环境，让自己的孩子成为英雄青年人一听，此言正好证实了自己的疑惑。他大失所望，带着羞愧不安的心理向柏辽兹告辞，然后垂头丧气地走了出去。

柏辽兹话刚出口，便感到懊悔：这对青年人的自尊心和自信心是一个多么大的打击呀！再说，自己的那番话未免太绝对了，一个人的天赋有欠缺，可以用勤奋弥补，即使达不到极高的境界，也会有所作为的，为什么要叫人家放弃呢？因此，他决定采取补救措施，挽回青年人的自信心。

柏辽兹赶快打开窗户，看见那个青年人正垂头丧气地走在街道上。于是他从窗口探出头，叫住青年人说："我不改变刚才对你的评价。但是，我认为有必要补充一句：大师们当年对我也是这么说的。记住，你和我当年一模一样，是的，一模一样！"

青年人一闻此言，顿时精神大振，重新树起了信心。多年后，他经过刻苦努力，终于成为一个知名的作曲家。

柏辽兹是这个年轻人最崇拜的人，因此，从柏辽兹口中说出的每句话都可能带给年轻人深远的影响。当柏辽兹断言年轻人没有音乐才能时，年轻人立刻失去了信心，而且很可能因此放弃自己在音乐方面的理想。幸好柏辽兹很快纠正了自己的错误，他的那句"和我当年一模一样"给了年轻人这样的信念：我和大作曲家年轻时是一样的，那么他的现在就是我的未来，只要刻苦努力，我也可以成为著名的作曲家！年轻人不断努力，而最后他成功了！

这个故事给我们的最重要的启示就是：一个人即使不是真正的天才，但只要他找到了天才的感觉，就一定能够成才。赏识教育专家周弘为了鼓励女儿婷婷成才，为了帮女儿找到天才的感觉，为了让她相信自己"一定行"，就费了不少苦心。

首先婷婷的智商是105，而天才儿童的智商底线是130，但周弘却告诉女儿说："智商只能测记忆力，无法测悟性、灵感，而你正是这方面的天才。"另外，他又制造了"海伦·凯勒转世"的故事鼓励女儿、教育女儿。

海伦·凯勒是19世纪美国的一位又盲又聋的伟大女性。她6岁半时一个字不会说，18岁时却会5国语言，轰动全世界。一天，周弘看《海伦·凯勒传》时，无意中发现海伦的生日是1880年6月27日，脑子一闪，精神为之一振。女儿婷婷的生日是1980年6月29日，天下竟有如此巧合的事！他按捺不住心中的喜悦，赶快把这件事告诉自己的女儿。

"婷婷，太好了，告诉你个好消息。我一直在纳闷，你为什么这么聪明，这么有灵性，原因终于找到了。原来你是海伦的'转世'啊！"

"为什么这么说？"女儿不解地问。

"你看，你的生日跟海伦相差整整100年，一天不差。"

"真的吗？"婷婷瞪大了眼睛。

"白纸黑字，一点也没错。"周弘把书递给婷婷。

婷婷接过书一看，有点失望。

"她是6月27日，我是6月29日，相差两天。"

周弘不慌不忙地解释道："据我了解，一天不差，海伦妈妈生她时是顺产，你妈妈生你时难产，刚好耽误了两天。"

顿时，婷婷兴奋得两眼放光，仿佛海伦的血液在自己的血管里奔腾，海伦的灵魂在自己的脑海里游荡，感觉找到了！

长大后，婷婷自己讲，海伦给了她无穷的力量，小时候做事遇到困难时，就常常想象自己是海伦·凯勒。

这个故事也许对许多家长有所启发。为什么现在有的孩子明明不笨，但学习成绩却不好，许多家长百思不解，彻夜难眠。其实最根本的原因是找不到感觉。

有了天才的感觉，是成为天才的第一步。"天才的感觉"实际上就是一种暗示，这种暗示一旦埋入孩子的心中，就会渐渐发芽，成长为信心的大树。

既然周弘这位只有初中文化水平的父亲，都能用虚拟计把天生聋哑的女儿培养成美国名牌大学的研究生，那么家长们为什么不能试试正确运用这种方法把孩子培养成才呢？

比如，你的孩子数学不好，每次考试都不及格，这时你就可以改掉往日训斥孩子的做法，温和地对他说："爸爸、妈妈的数学都很好，根据遗传原理，你一定也具有数学天分，所以加把劲，你就一定会考好！"这样做，孩子最初可能会有点怀疑，但你常常这样告诉他，孩子慢慢就会相信：我真的行。一个"行"字消除了孩子对数学的恐惧感，唤起了孩子的求知欲，帮助孩子找到了学习的乐趣，孩子就会因此真的"行"了。

容过计

——让孩子在错误中学到更多

生活中，孩子总难免有些过失、错误。有的是无意的，有的是有意的。如果孩子所犯过错的性质不是很严重，那么家长就不妨给予宽容、谅解，这样孩子不仅会在内疚自责中更认真地改正错误，还可以使孩子形成良好的宽容心态。

利用错误给孩子上一课

当孩子做错了事后，心里会感到非常害怕，这时再去责备孩子，只会加深孩子的恐惧，有的孩子甚至因此害怕而不敢承担责任。父母们应该这样想，反正错误已经造成了，因此也不必再去苛责孩子，现在最重要的是怎样利用这个错误教育孩子，不能让这个错误变得毫无意义。

教育学家认为，最好的父母是那些具有宽容之心的父母，这样的父母教育出来的孩子往往是勇敢而豁达的。这是为什么呢？举个例子说，一个孩子如果不小心弄坏了爸爸的剃须刀，孩子会很害怕受到父亲的责罚。但如果他的父亲谅解了他，并告诉他剃须刀的正确用法，那么这个孩子就一下子从他所犯的错误中学到了很多东西：一、剃须刀的使用方法。二、负责任。如果以后再犯错误，有了这次的经验，孩子也一定会承担责任。三、宽容。父母是孩子的榜样，父母能够宽容孩子的过错，孩子也会用宽容的心态看待一切。

让孩子从小错误中领悟大道理妈妈不在家，5岁的强尼想喝牛奶，于是他决定自己去拿。牛奶在冰箱里，小小的强尼根本够不着，他搬来一把椅子，踩在上面，左手扶墙，伸出右手去拿大罐子的牛奶，却没有拿稳，手一松，整罐牛奶都打翻在地上。牛奶淌了一地，几乎整个厨房的地面上都是。强尼很害怕，他想妈妈一定会很生气的。

意外的是，回家后的妈妈看到这些后并没有发火，却说："我从来都没有见过这么漂亮的牛奶海洋。"看到强尼的紧张情绪已经缓解，妈妈接着说："你愿不愿意跟妈妈一起把牛奶打扫干净呢？牛奶海洋是很漂亮，但是这样子的话地板上就很脏了。"

接下来，妈妈拿着拖把、扫帚带着强尼一起把厨房打扫了一遍。然后，妈妈又把他先前打翻的牛奶罐子装满水，放进冰箱，教强尼怎么拿才不会把罐子打翻。

其实小孩子都是这样，他们尝试去做某些从未做过的事，而父母又不在身边的时候，也许会因为自己的举动给父母带来麻烦。

想一想如果你的孩子不小心打翻牛奶瓶时，你会怎么处理呢？是怒气冲天，大声呵斥孩子："你那么笨啊，连牛奶都不会拿？"还是赶紧自己收拾残局，告诉孩子："没关系，没关系，你不要过来，不要踩到牛奶，让妈妈来收拾。"还是叫孩子一起来收拾，一起承担自己不小心做错的事？然后，再教孩子怎么去做就不会再次出错？

父母应该选择的是第三种做法，这样，你的孩子以后做事就"不怕做错事"，也有信心和勇气不断尝试、实验；尽管有时还是会出错，但他会学习用"心平气和"的心来看待，并勇敢地"自我承担"所做的一切。更为重要的是，他从你的身上学会了宽容别人的一些无心过错。

一天，强尼的朋友、5岁的约克不小心把强尼辛辛苦苦做好的纸房子给弄坏了。可原本很生气的强尼并没有像往常一样跟自己的小伙伴打起架来，而是拉起约克的手说："约克，咱们再做一个。"强尼想起自己打翻牛奶，妈妈都没有骂自己，约克只不过是弄坏了纸房子，那更是可以原谅的了。妈妈站在一旁，欣喜地看着约克："宝贝，你做得很对！""妈妈，我还会教会约克怎么制作小船！"得到妈妈鼓励的强尼高兴地对妈妈说道。

心理学家告诉我们："当一个错误已经发生、覆水难收时，你发再大的脾气，也都于事无补。"大声责骂小孩，也只是使小孩更害怕、更恐惧而已，更糟糕的是，你的愤怒造就的可能就是一个胆小狭隘的孩子。在生活中，当错误已经发生时，宽容孩子的错误，教会孩子勇敢面对、勇敢承担才是父母最好的选择。

而生活中，一些父母往往对于孩子太过苛刻，不能宽容，结果他们的孩子根本无法从错误中学到任何有价值的东西，孩子也因此变得越来越胆小畏缩。

教育学家早已告诉我们，父母的教育对孩子品行的形成影响是最大的，不要总是抓住孩子的错误不放，严厉地训斥他们。因为低俗的教育只能培养出低俗的孩子。因此父母们应当尽可能地宽容自己的孩子。

不要怕孩子犯错误

教育学家认为，容过的最高境界就是不怕孩子犯错误、允许孩子犯错误，因为不断犯错误，不断吸取经验教训，正是孩子成长的必经之路。

强强5岁了，是一个虎头虎脑的小家伙，力气大，活泼好动。妈妈常对别人夸奖强强说："我从来不娇惯孩子，强强自己穿衣服、吃饭，从来不用我们操心！"就像妈妈说的那样，强强确实是个好孩子，不但自己的事情自己做，还总想帮妈妈忙。

有一天，妈妈出门买菜，把强强一个人留在家里看电视。强强看到电视中一个小朋友帮妈妈洗衣服的画面，于是决定自己也试试。他拧开水龙头把家里的几个桶、几只盆全都盛满了水，然后打开妈妈的衣柜，把妈妈的衣服一件件地取了出来……

妈妈终于回来了，强强满脸兴奋地站在妈妈面前，准备接受妈妈的表扬。

"我的天！你做了什么啊？"妈妈看到浸泡在水里的皮大衣、毛料套裙、羊毛衫，还有两双皮鞋，一时间气得脸色发紫！在妈妈怒气冲冲地斥责里，强强惊恐万状、不知所措，终于吓得"哇哇"大哭起来……

这位妈妈为儿子会动手做事而骄傲，但却不能宽容儿子因好心而犯下的错误，而她的责骂必然会给孩子参加家务劳动的主动性和积极性带来沉重打击。可以说，妈妈对孩子犯错的处理态度和方法是不妥当的，应当首先问清楚具体的情况和原因，孩子完全是由于缺乏经验，是好心做了错事。这就应当给予宽容、谅解，然后再具体指导孩子如何打扫卫生。这样既保护了孩子参加家务劳动的积极性，又使孩子学会了如何打扫卫生，就是一举两得，那有多好。

意大利著名女教育家玛丽亚·蒙台梭利所倡导的教育方法就是"容过"，即不要怕孩子犯错误，要允许孩子犯错误。在蒙台梭利看来，父母怎样对待孩子犯错误，及其怎样对待孩子改正错误的态度才是重要的。尤其是父母对待孩子犯错误和改正错误的方式、方法，将直接对孩子产生重大影响，决定孩子正确对待和处理错误的态度和行为。

那些被父母轻视的孩子变得害羞、沮丧和恐惧的例子，在我们身边举不胜举。"我做不好"，所以"我干脆不做"——这就是孩子在犯错误之后，不能及时得到正确引导、矫正的结果。要解决这样的问题，最好的方式就是允许孩子犯错误，让孩子在错误中得到经验和教训，并从中学习到改正错误的方法。

蒙台梭利说在传统的管教方式里，孩子的训练是受两条准则的引导：奖赏和惩罚。大部分父母认为，改正孩子的错误和批评孩子是他们的主要任务，于是当孩子有了过失之后，他们就先不分青红皂白地训斥孩子一顿。在训斥警告过孩子之后，有的父母会问一下孩子犯错的原因，有的甚至连问都不问，这是极不恰当的。蒙台梭利认为家长应宽容孩子的错误、和颜悦色面对孩子的错误，容许孩子逐渐改正过来。

有一位中国教育工作者去瑞士访问，一位瑞士同行热情地邀请中国人去他家里做客。闲谈了一会儿后，主人就带着中国客人去楼上看他3岁的儿子。当他们来到孩子的小房间时，发现那个调皮的小家伙正在制造一场"灾难"：他用剪刀把窗帘剪出了好多洞，又把那些碎布片用胶水粘在墙上。中国客人想，这位父亲一定会狠狠地骂孩子几句，甚至打他一顿，但是出人意料的是，爸爸兴奋地冲上去抱起了儿子："哦，宝贝！你简直是个天才，这么小就会用胶水和剪刀了！不过我的孩子，你最好别动床单、窗帘什么的，那可是你妈妈的宝贝！晚上爸爸再教你怎么使用它们！"小家伙乖乖地交出了"凶器"，跑到一边玩模型车去了！中国客人目瞪口呆地问："你不教训孩子几句吗？我以为你至少应该让他知道自己闯了多大祸！"主人笑着说："不，犯错是专属于小孩子的自由，我不能粗暴地打他、骂他，我不希望孩子犯错，但更不希望孩子因为害怕犯错，就什么都不去做！"

这位瑞士父亲的做法就很值得我们反省、深思，这种教育方法也是对"容过计"的一种很好的阐释，仅仅宽容孩子的错误是不够的，还要允许孩子犯错误。如果父母们总是把错误看成是罪魁祸首，甚至不惜一切地避免孩子犯错误，那么孩子就会渐渐变得畏缩，什么也不敢去尝试。

当然，允许孩子犯错误，还有一个允许到什么程度的问题，这就要求父母对待孩子所犯的错误，设立一个合理的限制尺度。

我们给孩子的自由是限制之内的自由。比如给予孩子在家中自由活动的自由；给予孩子选择的自由，支配时间的自由；孩子自由选择学习或娱乐的自由；自己选择独处或与其他孩子交往的自由……我们所给予孩子的这些自由，应当是在限制之内的——孩子不可以干扰或伤害别人！这就是明确而坚定的合理限制。

18 训诫计

——让孩子认识错误、改过自新

孩子就是孩子，会不断地出现各种各样的问题和错误，有些错误可以宽容，而有些错误是不能姑息的。必须对孩子进行合理、有效的批评，以保证孩子不再犯类似的错误，即使是再宽大的父母，也不能让这种合理的管教缺位。

训诫是为了让孩子健康成长

教育孩子是一件严肃复杂的事，父母必须仔细观察孩子成长的每一阶段，并适时地加以引导，这样才能使孩子健康成长，而不走向邪路。在引导孩子的方法中，训诫就是非常重要的一种。

生活中，一些人认为：孩子不用太管，树大自然直。孩子长大了，自然就会变好了、懂事了。结果由于父母的放任，孩子的思想意识、道德品质都缺乏规范。尤其是潜意识的东西，更难把握。只要外界诱惑一下，邪恶便容易占据其心灵。如今，青少年看的书，接触到的事物，想的问题都远远胜过老一代，他们的思想活跃，行动敏捷，性格开放，若能引上正确的成长轨道，那么就会成为人才。然而，一旦偏离方向，被邪恶的东西引诱，那产生的后果也是不堪设想的。其实，孩子再懂事，他的人生观、世界观也不会那么成熟，如果受了不好的影响，或是不好的行为习惯长期得不到纠正，那么孩子就很可能走向邪路，因此家长必须适时地运用训诫的方式教育孩子，保证孩子的健康成长。

及时阻止孩子可能犯下的严重错误有一位父亲，平常挂在口头上的一句话就是"树大自然直，孩子不用管"。孩子从小聪明伶俐，于是这位父亲自认为自己的孩子天生聪明，无须管教也能很好地发展。后来，孩子迷上电子游戏，上课逃学，老师要求家长批评教育孩子，但这位家长却毫不重视。结果孩子的学习成绩一落千丈，只好留级一年。此时他才恍然醒悟，以后再也不说"树大自然直"了。

其实训诫计，自古以来就是一种常用的教子方法。古代许多名人或名人的父母就是采用这种方法。东汉时期的张奂教子谦谨，齐相田稷的母亲教子不贪，东晋陶侃母教子清廉，唐太宗教诸子不残，北宋欧阳修母教子严格执法，北宋宰相王旦、清代的宰相曾国藩教子不贪贵势等等，都是采用训诫的手段。而训诫也就是生活中我们常说的批评教育，这是一种永不会过时的教育方法。

校长给约瑟夫的妈妈打来电话，告诉她两天前约瑟夫在休息时间打了某个同学，老师让他带张字条回家让父母签名，但是，约瑟夫并没有把父母签名后的字条带回学校。

当然，妈妈对字条的事全然不知，她谢过校长，答应等约瑟夫回家后她马上处理这件事。并且妈妈还从校长口中知道约瑟夫以前就经常惹是生非。

约瑟夫放学回家来了。

"你好，妈妈！"他轻松地同妈妈打招呼。

"你好！"妈妈强压怒火。她努力提醒自己小孩子常常会做这样的事。

"今天学校没有东西要交给我吗？"妈妈想给约瑟夫最后一次机会。

"没有呀。"约瑟夫一面若无其事地回答，一面把书包扔在沙发上。

"我刚接到你们校长的电话。他说几天前你就应该给我一张字条，上面说你在休息时间行为不当。字条还得由我签名。"她直截了当地告诉他，是因为觉得没有必要再问他"你肯定吗"之类的话，那只会给他再次撒谎的机会，并使自己受挫。

"哦，我弄丢了。"约瑟夫低头看着地板说。

妈妈点点头说："我知道了。那你至少也要告诉我这件事。"

"我忘记了。"约瑟夫耸耸肩膀说。

这下子妈妈决定不能轻易原谅约瑟夫的过错了。"不，约瑟夫，你在撒谎，你打了人是吧？你让妈妈很失望！妈妈几乎不敢相信你会做出这样的行为！知道这样下去会怎样吗？你会变成一个坏孩子！"

"妈妈！"约瑟夫吓得哭了起来。"孩子，不管怎样我都是爱你的，因此我必须对你负责。我批评你是因为你确实做错了。对同学动手已经很不应该了，而且你还对妈妈撒谎！现在回到你房间去，好好想一想你的错误！"

妈妈的批评没有白费，约瑟夫给妈妈写下了保证书，保证不再说谎和欺负同学，从那以后他真的改正了错误。

当孩子屡次犯错，不知悔改或者对自己的错误没有深刻的认识时，家长就应当运用训诫法教育孩子，让孩子彻底悔悟，避免走上邪路。教育孩子，犹如护理树苗，在树苗歪曲时，并须及时扶正，这样树苗长大后，才能成为栋梁之材。

儿童心理学也认为：孩子由于世界观不成熟，是非观比较弱，容易走向迷途，因此父母应对儿童实行基本限制与约束。就像这个故事中的妈妈一样，发现约瑟夫屡次犯错，而不知悔改时，立刻运用训诫的手段教育约瑟夫，让孩子彻底改正错误。

家长们应该明白，孩子在成长过程中，不但会受到家庭和学校的教育，也会受到社会环境的影响，而社会上的不良思潮和习气，很容易诱导孩子走上坏道，同时孩子撒谎、偷窃一类的小毛病如果不严加管教，也会让孩子变坏。因此，父母们应牢牢掌握"训诫"这个教子奇招，对孩子进行适当的引导，要记住：子不教，难成才。

用训诫改变孩子不讲礼貌的习惯

我们说，对孩子无心犯下的一些小错误要宽容，但是对于孩子的不良行为、不良习惯就要进行批评教育，千万不要纵容孩子。而孩子的不讲礼貌，就是迫切需要家长"治理"的问题。

许多父母由于忽视了孩子的个人修养教育，一些孩子说脏话便成了习惯。也许孩子口中飞出的污秽之语没有任何针对性，似乎也未给任何人造成心灵上的伤害，但脏话毕竟刺耳，会破坏一个人的形象，同时也会妨碍正常的人际交往。试想，谁会喜欢和一个不讲礼貌、满嘴脏话的孩子成为好朋友？而这些孩子走到社会上以后，他又如何能获得别人的好感，和人良好相处呢？

其实，生活中一些父母发现孩子有不讲礼貌的习惯后，也想管教孩子，纠正孩子的坏习惯。可他们往往因为用的方法不当，而收不到教育的效果。

东东从小在乡下爷爷家长大，直到6岁该上学了，才回到父母身边。东东聪明伶俐，动手能力强，这让父母非常高兴，但不久他们就发现，东东是个很没礼貌的孩子，常常会出口成"脏"。为此，妈妈骂，爸爸打，一段时间后，东东似乎改变了这个坏习惯，父母很满意。可有一天，老师来做家访时，告诉东东的父母，东东在学校里张口闭口都是脏话，班上大多数同学都挨过他的骂。父母气得要命，把东东拉回来就是一阵狂风暴雨式的"教育"，可东东始终就改不了这个习惯，东东的父母真不知怎么办好了。

我们可以理解东东父母的"恨铁不成钢"的心情，但却不能赞同他们的做法。打骂是最差的教育方式，这样做有什么用呢？父母打骂之后，东东就不在父母面前说脏话了，但是在学校里却变本加厉了。父母再打骂，孩子的逆反心理就跑出来了，干脆打骂都不听了。

教育学家建议家长在这种情况下，应用训诫的手段教育孩子，训诫是一种综合教育，有批评也有教育，批评中有激励，教育中有希望，孩子并不是完全不讲道理的，批评可以让他认识到自己的错误，而教育又可以使他明白道理，改过自新。

那么，应用训诫计教育不懂礼貌的孩子应该怎么做呢？

（1）多讲道理，少点责骂

孩子的自律性比较差，即或是那些乖孩子也会有不乖不讲文明礼貌的时候。当父母发现孩子竟然说脏话，或者行为粗鲁无礼时，一定不要仅仅是简单粗暴地加以制止，而是要耐心地给孩子讲道理，告诉孩子为什么不能那样说话做事。比如，当发现孩子在饭桌上打饱嗝的时候，不要只是大声呵斥他"太没有教养了"，而是要告诉孩子"这种行为太没有礼貌了，应该有意识地控制；实在控制不了，应该向大家说对不起"。

（2）批评中有期望和要求

批评孩子时不能一味责骂，要明确告诉孩子哪些言行是文明礼貌的，哪些言行是粗鲁无礼的。让孩子明白文明礼貌的重要性。和孩子外出的时候，当看见有人在大街上打架或吵架时，父母应该立即告诉孩子，这种行为严重影响了社会公共秩序，是不文明礼貌的。当孩子在家里说脏话或者有其他不礼貌行为的时候，父母可能非常生气，但一定要控制住情绪，尽量避免对孩子大叫大嚷，而是要语气平和地告诫孩子："你现在的表现妈妈不喜欢，没有人喜欢不礼貌的孩子，希望你不要再做这样的事了。"

（3）教育孩子要循序渐进

培养孩子讲文明有礼貌是一个循序渐进的过程，父母不可能要求孩子在一夜之间就变得彬彬有礼。当发现孩子不习惯用敬语时，应立即批评教育，直到孩子养成了说敬语的好习惯为止。父母切不要把孩子的许多问题都集中起来，企图突击解决。正确的做法应该是发现一个问题就立即解决。

熏陶计

——在生活中给孩子好的影响

家庭是孩子的第一课堂，家庭教育给孩子的影响是深远而巨大的。因此，父母如果能在家庭生活中，通过讲故事等方式，培养孩子健康的兴趣爱好，陶冶孩子的情趣、品行，那么就可以让孩子更健康地成长。

故事中有最好的教育

现在的家长越来越重视家庭教育：他们让孩子多说话，锻炼孩子的语言表达能力；他们与孩子说话注意遣词造句，增加孩子的词汇量；他们给孩子讲各种各样的道理，以培养孩子的良好品行……当然这些做法都没错，但是他们常常忽略了一种最简单且有效的教育方法：故事熏陶法。

宾夕法尼亚州匹兹堡大学语言学教授斯特娜夫人认为，讲故事是教育孩子最有效的方法。在女儿维尼夫雷特还不会说话时，斯特娜夫人就给她讲希腊、罗马、北欧各国的神话。等女儿会说话以后，母女俩就表演这些神话。她还向女儿讲述圣经故事，有的还用戏剧的形式演出。这样女儿不但对天文学产生了浓厚的兴趣，也理解了许多雕刻作品的内容。

为了使女儿牢记神话和圣经中的故事，斯特娜夫人常把有关的内容编在纸牌上。在教各国历史时，也采用了同样的方法。

好的影响在于好的教育斯特娜夫人通过这种方法，使女儿的记忆力得到了锻炼，想象力受到了启发，并且大大扩展了原有的知识。

那么，为什么故事熏陶计会有如此奇妙的作用呢?

（1）讲故事能扩大孩子的知识面、开启孩子的智慧、丰富孩子的语汇。孩子是这个世界的生客，为了让孩子知道世界，最好的媒介当然就是讲故事。讲故事不仅能使儿童扩大知识面，同时也扩大了词汇。如：16岁获得法学博士学位的柏林哈雷大学教授、德国人卡尔·威特，他的父亲是一个牧师，当小威特稍能听懂说话时，他的父亲老威特就天天给他讲故事。这样教育的结果，使小威特到3岁时就轻松地记住了三千多个词汇。

（2）讲故事能培养孩子的想象力。想象力是人们在头脑中利用原有的形象创造出新形象的一种能力。想象既可以依据别人的描述进行，也可以利用自己的经验大胆地组合创造一个全新的形象。教育的实践证明：讲故事、看图画、参观、旅游、散步、收看必要的电视节目等都是丰富孩子知识经验的有效方式。所以每一位父母都应从各方面开阔孩子的眼界，丰富孩子的知识经验，从为孩子想象力的发展提供丰富的原材料出发，多给孩子讲故事，以培养孩子丰富的想象力。

（3）讲故事能培养孩子的良好品行。在听故事的过程中，孩子的情绪一直随着情节的变化而变化，正是在这些情感的激发的过程中，情感受到陶冶。故事中的人物，通过家长讲述出来以后，那些生动有趣的故事情节就在孩子的头脑中烙下深刻的印记。那些人物形象感染了孩子，使孩子受到潜移默化的影响。孩子就会不自觉地模仿、效法故事中的人物的行为。因此，要教育孩子，根本不必给他们讲一些干巴巴的道理，只要你能用故事感染孩子，那么你就成功了。

为了充分运用故事熏陶计教育孩子，家长在讲故事时，还要注意以下几点要求：

（1）故事要有选择，内容要积极向上。故事的内容要积极、健康，有利于孩子的身心健康。比如多给孩子讲古今中外名人立德、明理、勤俭、好学、力行、成才、自立、择友、有信、尊老、爱幼等方面的故事，切忌讲那些恐怖、低俗、消沉堕落的故事。另外所讲的故事要有趣味性，还要根据孩子的不同年龄阶段，进行选择。

（2）在讲述过程中要富有表情、富有变化。讲故事时要形象生动、绘声绘色，语调要抑扬顿挫。总之，要善于吸引孩子的注意力，激发孩子的兴趣。

（3）家长给孩子讲完故事后，尽量要求孩子复述故事。这样做的目的是要培养和锻炼孩子的记忆力和口头表达能力。

（4）讲故事时，要指导孩子编故事、续故事，锻炼孩子的想象力。在日常生活中除了多给孩子讲故事外，还可以引导孩子仿照故事的写法，把他周围所熟悉的东西编成故事，也可以让他们为某个故事续一个合情合理的结尾。

潜移默化中塑造孩子的人格

孔子曾说过："其身正不令而行，其身不正虽令不从。"把这种观点应用到儿童教育中就是，要想塑造孩子的人格，父母就先要严谨自律，通过自己的良言善行熏陶孩子，这样父母根本不必向孩子说教，孩子自然就品行优良了。

有这样一个故事：有一位父亲年纪大了，身体极其虚弱，生活难以自理。于是，就搬去与儿子、儿媳及5岁的小孙子同住。由于中风留下的后遗症，老人的手经常不由自主地颤抖，步履蹒跚。

刚开始，全家人坐在同一张桌子上用餐。可是很快地，儿子儿媳就发现上了年纪的老父亲摇晃着的手与衰弱的目力使他无法顺利进餐。比方说，米饭会经常从父亲拿着的汤匙上抖落下来；当他握着杯子时，牛奶会泼到桌布上。儿子儿媳终于忍不住了，开始对老人白眼相加，有一天，儿子甚至因为老人弄翻饭碗而呵斥老人。

没过多久，夫妇俩就在墙角设置了一张小饭桌。在那个角落，父亲一人孤独地吃着饭，家中其他成员则在另一边享受着美食。再后来，当父亲打破了两个碟子后，他的食物就被盛在一个木碗里面——饭和菜被拌在一起。有时，当家人偶尔朝那边瞥一眼时，他们会发现，老人的眼里含着泪。他显得那么的孤独和无奈。然而，这对夫妇所能够给予老人的唯一话语仍旧是，警告他不要弄翻食物。

这一切，5岁的孩子都默默地看在眼里，记在心里。一天，晚饭前，孩子在地板上用小刀削小木块。父亲看见了，觉得好奇，就走过去，柔声问道："你在做什么呀？"也许是被父亲特别的语调所感染，孩子回答道："哦，我在做木碗，等我长大以后好拿来给你们用。"5岁的孩子说完了，仍旧微笑着削他的小木块。

父母一下子呆在了那里，一句话也说不出来，眼泪大滴大滴的从面颊上滚落。虽然都没有说什么，他们却都知道了该怎么做。那晚，丈夫小心地扶着老父亲的手，将他带到饭桌上，从此后，无论是丈夫还是妻子，都没有再在意诸如菜掉到桌上、牛奶泼出来，或者桌布被玷污了之类的事了。

父母的所作所为在很多方面对孩子有着潜移默化的影响，父母的价值观念和处世原则往往会通过自己的行为根植于孩子的心中，成为孩子将来人生态度中的一部分。因此家长如果想塑造孩子的人格，就必须先以自己的人格感召孩子，让孩子在长期的耳濡目染中，受到熏陶，获得好的影响。

20 疏导计

——让孩子由对立变成合作

大禹治水的成功之处在于"疏"而不在"堵",父母也可以从这种方法中得到启示。在教育孩子时太过专制只会引起孩子的逆反,让孩子跟你"对着干",但如果采取明智、开放的疏导策略,孩子就会愿意跟你愉快合作。

早恋面前做开明的父母

如果你家有正处于青春期的孩子,那么早恋可能就是你不得不关注的话题了。假如孩子真的早恋了,身为父母的你将采取什么样的对策呢?严堵吗?事实证明这是最无效的教育方法。应该看到青春期的孩子被异性吸引是极其正常的,家长应该用温和的态度对孩子进行疏导,帮孩子跨过青春期这个坎。

父母一旦发现孩子真的早恋,通常会感到震惊和愤怒,认为孩子太不争气,道德品质太差。一有蛛丝马迹,必查个水落石出。不少父母方法欠妥,总把青春期的子女看作小孩子,不尊重孩子的人格尊严,私拆子女信笺,查看日记,监听电话,动不动就要严加管教,一旦发现"证据",更是大动干戈,拳脚相加,控制人身自由。这往往会激起孩子的愤慨和内心的抗议，容易让孩子形成孤僻的性格，与家人疏远，甚至故意和家长对着干。

小北今年读初一。有一次，妈妈在洗他的衣服时，发现口袋里有张纸条，上面写着"我爱你"，以及几点在什么地方约会之类的话。妈妈一看，立即明白是有小女生向儿子示爱，由于怕影响孩子学习，急了，气得劈头盖脸地数落起儿子，然后又贬低那女孩。可小北非但一句也听不进，反而很坚决地示威："我就是喜欢她，怎么样？"母子关系一度陷入僵持状态，妈妈十分苦恼。妈妈的这种严厉的处理方法就很不合适，这样做不但没达到教育的目的，反而还产生了罗密欧与朱丽叶效应。所谓罗密欧与朱丽叶效应，就是当出现干扰双方恋爱关系的外在力量时，恋爱双方的情感反而会加强，恋爱关系也因此更加牢固。

因此，心理学家认为，当发现孩子早恋时，父母不应硬堵，而是要疏导，比如用暗示或提醒之类的语言加以点拨，从早恋及其负面影响入手，培养孩子树立自尊自爱的道德情操。不要直接批评孩子的错误，而用打比方、举例子的办法提醒孩子。这对于自尊心较强，有一定上进心且善解人意的孩子来说，举例得当很可能会使之悬崖勒马。劝说孩子时语气要温和、委婉，以情动人。向孩子指出"爱"本身并无过错，但作为孩子应遵守校规校纪，别让早恋影响了自己的理想前途。

我们来看看下面这个故事：有一位 17 岁的高中男孩，与一个同班女孩相恋了，男孩的父亲与儿子进行了一次属于两个男人之间的朋友式的谈话——

父：儿子，你是不是觉得她是最好的女孩？

子：我觉得我认识的女孩里她最可爱也最善良。

父：爸爸相信你的眼光。但是，你才上高二，你认识的女孩有多少？

子：……

父：记得你的理想吗？你说你要上大学，将来还要出国深造，想成为一名律师或金融家。你知道你将来会遇上多少好女孩？爸爸并不反对你现在谈女朋友，但是，爸爸最反感的是见异思迁。你 17 岁就有了女朋友，这女朋友是你到目前为止认识的最好的女孩，可是，你将来会有更多的机会，到那时你该怎么办？

子：可是，现在让我离开她，我会很痛苦。

父：你初三时买的照相机呢？

子：前两天，妈妈给我买了个高级的，我觉得效果比原来那个好，就把那个扔箱子里了。

父：这就叫一山更比一山高。你如果把握好每一个属于你的机会，你以后的成就只能比今天大，你面对的世界只会比今天更宽阔，到时候你的选择只会比今天更好，更适合你。如果你与这女孩真有那份情缘，到时候让它开花结果多好。儿子，一个人一生不可能不做些让自己后悔的事，但是，人生大事只有几件，后悔了，就遗憾终生。

子：爸爸，我懂了……

在父子轻松的交谈中，早恋的问题被解决了，这是对疏导计的一次成功运用。在交谈中，父亲没有随便指责孩子，而是从侧面点拨、开导。

开明的家长是不会用粗暴的态度指责或打骂孩子的，因为他们知道这样做只能使孩子逆反心理加重，把恋爱活动转入地下，越陷越深。有些孩子在向家长亮牌后，家长态度生硬，孩子无可奈何，出走、自杀，不能说家长没有责任。此时家长应心平气和，循循善诱，使孩子懂得早恋弊大于利，很难有结果。家长应引导孩子自己学会冷却这种狂热，把与异性交往控制在友情的范围之内。

耐心疏导化解孩子的逆反

孩子进入青春期后，往往会产生一种逆反心理，喜欢和家长对着干，"让他东，他偏西；叫他打狗，他骂鸡"。而一些好孩子也变得不听话起来，让家长头疼不已。对于这种情况，家长应该认识到，如果对孩子的逆反心理与逆反行为听之任之，很可能会使孩子形成病态人格，但如果对其粗暴制止或强行压制，就会加剧孩子的逆反，将他们推向另一个极端。家长只有耐心疏导，才能解开孩子心中的"疙瘩"，消除孩子的逆反心理。

李楠今年14岁，从小就很聪明，也很听爸妈的话，可近来变化较大，凡事总爱与父母顶嘴，自作主张，有时还偏要同父母"对着干"。例如，小学毕业后，家长为李楠选择了就近的一所重点中学作为报考志愿，而李楠偏挑选了一所离家较远的中学。她不是喜欢路远，而是有意与家长闹别扭。李楠有鼻炎，家长配来滴鼻药水，她却有意把瓶摔了；家长问考试成绩，她故意说不及格；家长平时工作忙，找机会想跟李楠聊聊，她却把家长拒之门外……家长十分焦急，不明白李楠为什么突然这么不听话，家长不知该如何是好。

生活中，很多父母抱怨，随着孩子一天天长大，烦恼就越来越多了，总觉得孩子越大越不听父母的话，越难管教，"半大小子，气坏老子"。为了纠正孩子的逆反，家长们想尽了办法，最初是忍让，然后是哄劝，接着就是打骂，等这些办法都没用时，一些家长就灰心、放弃了。

那么怎么办呢？教育学家认为，与其"堵"，不如"疏"，只有运用疏导计才能化解孩子的逆反心理。逆反心理总是伴随着一定不愉快的情绪体验，因此先要"疏流"，然后才能"改道"。首先，主动与孩子建立良好的关系或改善原有的不和谐关系，以赢得孩子的信任。真诚、尊重是与孩子交谈和沟通的前提。其次，学会倾听，用同理心去考虑孩子面对的问题。这个时候并不需要对孩子的情绪进行逻辑分析，也不需要侃侃而谈教育大道理。鼓励和引导孩子毫无保留地说出自己的看法和感受，是改变认知偏差的前提。认真地倾听孩子的感受，不仅有利于孩子敞开心扉，缓解情绪压力，而且有利于尽快找到产生逆反心理的"根源"。

下面就是运用疏导计时几个关键的方法和技巧：

（1）平和地探讨，切忌粗暴

当父母面对反抗、叛逆的孩子时，方式应该是循序渐进，目标应该是：竭尽所能地使用更为温暖、平和，以及尊重的态度与孩子相处；以自己的弹性去应对孩子的缺乏弹性。

（2）倾听孩子的心声

在与孩子交流沟通中，家长不仅要认真地听，而且要会听。认真地听是指抛开教导模式，把主动权让给孩子，引导孩子自己说。会听是指家长要善于从孩子的角度看问题，冷静地思考，把握问题的症结。

（3）现身说法拉近距离

家长可以在孩子跟前承认自己也曾有过偏执、怨恨或古怪的言行，有意识地自我表露，这样可以拉近与孩子的心理距离。当孩子觉得自己不能被人理解时，家长可以适当地透露自己也曾有过类似的感受或体验。这样有助于有逆反心理的孩子解除心理防线，共同找到解决问题的办法。

（4）放下架子，平等沟通

许多时候，父母要站在第三者的立场分析孩子叛逆的原因。

许多父母总觉得自己是对的，孩子应该听父母的。但是，孩子有自己的思维方式和处理问题的方式，所以父母应该放下架子，耐心听一听孩子的想法，从感情上、从具体事件上与孩子达成一致，做一些适当的让步。

尊子计

——让孩子与父母贴得更近

亲子间之所以出现冲突矛盾，往往是因为父母对孩子不够尊重，使孩子心怀恐惧、不满，拉开了彼此的距离。其实孩子也需要尊重，如果父母能在日常生活中对孩子多一些尊重，那么他们一定会成为最受孩子欢迎的父母。

不要"入侵"孩子的空间

孩子渐渐长大了，他们开始有了只属于自己的秘密，不想让父母知道。而父母为了管教好孩子，却往往喜欢入侵孩子的空间，偷看孩子的信件、日记。父母们的出发点是好的，但做法却很糟，这样做只会拉开亲子间的距离，让孩子产生对立情绪。

虽然父母与子女间的关系十分亲密，但是他们的地位应该是平等的，谁也不应该侵入对方的秘密生活。但生活中，父母却经常在无意中破坏了这种平等，因此，也往往在无意中切断了与孩子之间的信任纽带。

星期六一早，托尼的儿子与同学出去玩了。托尼一个人来到儿子的房间，发现儿子的书桌上杂乱无章，就走过去想整理一下。托尼打开儿子的抽屉，在抽屉里，托尼突然发现了一个黑色的笔记本。

儿子在笔记本的第一页上写道："自从我上中学以后，我的心里就逐渐变得空虚与孤独，父母除了关心我在学校里的表现外，就是把我关在屋里学习，每天当我伏在桌前，永不停止地写那些永远写不完的该死的作业时，我就有着说不出的痛苦。"

读完儿子的日记，托尼内心感到了一种强烈的震撼。他原以为自己和儿子是亲密无间的，可万万没有料到儿子与自己竟有这么大的代沟。

傍晚，儿子回到家里，又关上房门独处。晚餐的时候，儿子突然问："爸，妈，你俩谁动了我的东西了？"

"没有啊。"托尼假装糊涂地说。

儿子见父亲的态度如此坚定，什么也没有说，闷闷不乐地走开了。

过了两天以后，儿子上学出门后，托尼又偷偷溜进儿子的房间，打算从儿子的日记里洞察他内心的秘密，令托尼吃惊的是，抽屉上不知何时安了一把小铜锁。他突然意识到自己犯了一个低级错误。

晚上，当儿子回到家后，托尼鼓足勇气对儿子说：

"儿子，爸爸犯了一个错误，你能原谅爸爸吗？"

儿子沉默了一会儿，冷冷地说："不就是偷看日记的事嘛，我不想再谈这件事了。"

"如果你原谅爸爸，就请你把锁打开吧，别把爸爸当贼似的。"

儿子气呼呼地把钥匙抛给托尼说："这是钥匙，你该满意了吧？"

几天以后，当托尼无意中再一次来到儿子的房间时，又鬼使神差般地想看儿子的日记。可是令托尼失望的是，儿子的抽屉虽然没有上锁，可那日记本不知何时已无影无踪了。

有一天，儿子突然对托尼说："爸爸，你是不是很失望？"

"你为什么这样说？"

"因为我把日记扔了，并发誓不会再写日记了。"

托尼惊愕地醒悟到：他已经失去了儿子的信任。

显然，父母随意翻阅事关孩子隐私的信件、日记等是不正确的。这种偷偷摸摸的行为容易给孩子幼小的心灵打下一个深深的烙印，那就是：父母是不可信任的！当身边最亲近的人让孩子产生不信任感时，亲子之间的交流沟通便不复存在了。

还有的父母认为，孩子应该是一个永远长不大的"水晶人"，对自己不应有任何秘密，于是干脆粗暴地侵犯孩子的隐私。

嘉嘉是初中二年级的学生，她最大的烦恼就是父母拆看她的信件和日记。有一次，她在家里做功课，一位男同学打电话来，没想到妈妈在另一个房间偷听。她刚搁下电话，妈妈便怒气冲冲地过来，劈头盖脸地质问那个男孩儿是谁，是什么关系，并警告她不许早恋。她知道妈妈偷听电话，就十分气恼地说："你为什么偷听我的电话，侵犯我的隐私权？"妈妈轻蔑地说："小孩子有什么隐私权，当妈妈的不能管你吗？再说你心中如果没有鬼，干吗怕别人知道呢？"她与妈妈大闹了一场。以后总是把自己关在房间里，连话也不愿意和妈妈说了。

想一想，这个女孩子还会信任她的妈妈吗？有了烦恼还会愿意向妈妈诉说吗？其实个人的隐私与人格尊严有密切联系，侵犯孩子的隐私就是不尊重孩子，而不尊重孩子的家长也同样得不到孩子的尊重。

教育学家认为，有隐私是孩子逐渐走向独立的标志，这时孩子已经有了一定的判断力，家长不要总认为孩子长不大，自己必须牢牢控制孩子。当然，为了不让孩子变坏，家长还是要和孩子贴得近一些，那么怎么才能让孩子愿意和自己吐露心里话呢？"尊子计"无疑是最有效的一招了。

一个14岁的女孩子和妈妈的关系特别好，什么事儿都愿意和妈妈商量，她认为妈妈最伟大的地方就是从来不侵犯她的隐私。这个女孩子常常自豪地对同学说："我的日记放在桌面上，也没有锁，我有这个自信，妈妈绝不会偷看！"她的妈妈说："我知道我必须尊重孩子，这样才能换来她的信任和尊重，瞧，现在不是很好吗？我从不偷看她的信件、日记，但她有了难解的事都和我商量，有男孩追她啊！不喜欢数学啊……我一点也不用担心她变坏。"

这个女孩子真幸运，有这样一个开明，懂得尊重她的妈妈。如果天下的父母都能像这位妈妈一样，也许亲子沟通就不再是问题了。

尊重孩子的隐私，要求父母不要随意拆孩子的邮件或翻看孩子的日记，不要监听孩子和他伙伴的谈话；当孩子心中有秘密时，如果孩子不想倾诉出来，父母不要刨根究底、紧追不放，更不能以命令的口吻逼孩子说出来。否则，必将引起孩子的反感，使他们产生不被信任的感觉，从而渐渐失掉诚实正直的好品格。

尊重孩子自己的选择

生活中，父母们总是喜欢依据自己的意愿来为孩子做选择：让孩子学钢琴，让孩子学舞蹈，让孩子学理工科，让孩子考大学……几乎很少有家长会询问孩子的志愿，尊重孩子的兴趣和理想，因此亲子之间常出现矛盾。父母抱怨孩子不理解自己的苦心，孩子指责父母干涉自己的自由，于是关系越闹越僵。

父母带着女儿到餐厅用餐，服务生先问母亲点什么，接着问父亲点什么，之后问坐在一边的小女儿："小姑娘，你要点儿什么呢？"女孩说："我想要水果沙拉。"

尊重孩子的父母是最受欢迎的父母"不可以，今天你要吃三明治。"妈妈非常坚决地说，"再给她一点生菜。"女孩的父亲补充说。

服务生并没有理会父母的话，仍旧注视着女孩问："亲爱的，你都喜欢什么水果呢？"

"哦，西红柿、苹果，还有……"她停下来怯怯地看一眼父母，服务生一直微笑着耐心等着她。女孩在服务生的目光鼓励下说："还有多放一点沙拉酱。"

服务生径直走进厨房，留下目瞪口呆的父母。

这顿饭小女孩吃得很开心，回家的路上，她还在不停地说啊笑啊，最后，她走近爸爸妈妈，开心地说："你们知道吗？原来我也能够受到他的重视。"

可以想象，这个服务生给女孩带来了平等和自尊，更给女孩的父母上了意义深远的一课。那就是，孩子有自己的兴趣爱好，孩子的选择同样需要被尊重。

有一位父亲，他是一个普普通通的工人，他一直希望能把自己的女儿培养成才。有一次，一个客人在看到他的女儿时，顺嘴夸了一句："这个孩子手指修长，一看就是块弹钢琴的料。"这位父亲动心了，他决定将女儿培养成钢琴家。第二天，他就去银行提出了所有存款买了一架昂贵的钢琴，又请了老师来教女儿。可是那个6岁的小姑娘根本就不喜欢弹钢琴，她希望能和小伙伴一起参加舞蹈班，可父亲却不愿意尊重她的选择，一定要她练钢琴。每次，小女孩都是哭着坐到琴凳上。有一次她妈妈劝她爸爸说："既然她不喜欢，就别逼她了！"可小女孩的爸爸却气呼呼地说："不行，她懂什么？我说了算！"一天，爸爸出去了，留小女孩一个人在家练钢琴，小女孩由于气愤，拿起一瓶胶水把琴键给粘上了。做完了之后，她突然觉得很害怕，爸爸一定不会放过她的。于是6岁的小女孩收拾了个小包决定离家出走，就在一条繁华的马路上，她被一辆汽车撞倒，双腿粉碎性骨折，她永远也不能再站起来了。

这个故事给我们的教训是：强制孩子是没有意义的，家长必须学会尊重孩子的选择，尊重孩子的兴趣理想，望子成龙、望女成凤当然没有错，可是家长不能利用自己的身份压制孩子，说到底人生毕竟是孩子自己的。

22 对等计
——与孩子实现良好的沟通

与孩子良好沟通的前提，就是平等地对待孩子，做孩子的好朋友。这样孩子才会愿意向你说出心里话，家长才可以及时帮孩子摆脱各种问题。如果家长总是摆着家长架子，专制地要求孩子服从自己，那么亲子间沟通的大门就会慢慢关上。

给孩子一个发言的机会

生活中，许多家长对孩子讲话时总是用训斥的口气，要求孩子做事情时则用命令的方式，但在孩子想说话时，家长不是粗暴地打断，就是不理不睬。这是很糟糕的情况，孩子虽小，但也有自己的想法和主张，因此家长应该改变自己的专制作风，孩子需要的是可以平等进行语言交往的伙伴。

在中国的许多家庭里，有个很奇怪的现象。一方面，父母对孩子很娇惯，对孩子的物质要求有求必应；另一方面，父母却从不把孩子当作一个有思想、有主见的人，也不考虑对孩子的做法是否恰当，孩子可能会有什么想法。因为他们是家长，就似乎一切做法都是应该的、合理的。

这样在孩子身上会产生一种什么样的后果呢？

有一个孩子叫果果，他已经是小学五年级的学生，马上就要升中学了。可是，他却不善于语言表达，在众人面前，一说话就脸红。

孩子为什么会这么忸怩呢？

原来果果的父母有一套教育、管理孩子的办法。

有客人来果果家做客，果果的父母要求孩子要有礼貌，要懂事，大人们说话时，小孩子不许乱插嘴，最好是到别的地方去玩，让大人们清静地说话。

即使是只有一家3口的时候，果果的话也时常被打断。比如，当孩子兴高采烈地说着什么时，父母却要不时地打断孩子，纠正他的发音、用词，或者批评他的某个想法等等，令孩子兴味全无。

即使是成人，当自己的发言屡遭别人打断或反驳时，也会兴致大伤，缄口不言。因此，这种做法必然会影响孩子个性和能力的发展。

多数孩子逐渐变得不愿独立思考、自主行事。这很自然，既然动脑子出主意受到批评指责，又何必自讨苦吃呢？

可是，正如例子中所说的，家长不时地打断孩子的讲话，甚至阻止孩子讲话，不给孩子发言的机会，不把孩子当成有思想的人，也就不会用心去体会孩子的思想，去了解孩子内心的想法，而他们还会认为自己是尽到了他们管教子女的责任。

于是到后来，这样的父母往往会抱怨说：

"这孩子怎么不像别人家的小孩那么灵？"

"这孩子怎么反应这么迟钝啊！"

"这孩子真偏，什么都自己做主，从不听大人的意见。"

"他一点儿主见也没有，到底该怎么办，他自己竟然不知道。"

这能怪谁呢？这是自食其果。

父母打断孩子的话，或阻止孩子讲话，使孩子的思想表达不出来，使孩子的意见不能发表出来，这样父母不能了解孩子，给予孩子恰当的指导，对孩子成长极为不利。一些孩子变得不善口头表达，变得没有主见、怯懦、退缩；而另外一些孩子却变得独断、盲动，听不进别人的意见。

另外还有一种情况就是，孩子在受到批评、指责时，他们的解释和辩解常常被这样的话打断："你不要辩解了，这没用"，"你还敢嘴硬"，"你又开始撒谎"。

这些话几乎在很多家庭和学校都可以听到。人们习以为常，不再奇怪。但是有没有父母想过，孩子在受到批评和责骂时，他为什么不能辩解呢？

在这种情况下，孩子一般会本能地产生委屈的感觉，进而伤心、怨恨。他会把这种委屈发泄到其他的对象上，或者去想各种好玩的事情来摆脱这种情绪。这往往就是导致孩子淘气的原因。

教育专家认为，孩子要对某件事进行辩解，而时机又不合适，明智的父母应该这样说："对不起，现在我很忙，但我一定会听你的解释，等我有时间咱们再慢慢谈，好吗？"想想吧，这对孩子来说无疑是大旱甘霖，他不但不委屈、怨恨，反而信心大增，并会想自己是不是有什么地方的确做得不妥。

从现实的方面讲，难道有哪位父母真的希望孩子长大以后遇到类似的情况而不辩解吗？不，那时他的母亲一定会气愤地说："你为什么不辩解？！你是哑巴吗？"

孩子的这种权利受到尊重，一般会增强他的自信心和荣誉感，他反而会注意别人的权利是否也被自己尊重，从而自治能力增强。

因此，家长应当把孩子当成是一个有思想的独立个体，给孩子对等的地位，尊重孩子说话的权利。教育学家认为，只有平等的、民主的家庭才能产生具有独立意识、乐观积极的孩子，而专制的家庭只能培养出唯唯诺诺的庸才。

有一个孩子内向、胆怯，他的父母很头疼。后来心理医生建议这对父母在与孩子沟通时，运用对等的手段，就是说把孩子当成与自己地位相等的人一样来尊重，鼓励孩子说话。这对父母半信半疑地试了一段时间后，惊喜地发现孩子的话多了起来，老师也告诉他们，孩子在学校里也比较敢于表达自己的意见了。

这就是一次对对等计的成功运用，当家长的应真正地给予孩子平等的地位，不打断孩子的讲话，给孩子发言的机会，把孩子当成有思想的人，用心体会孩子的思想，了解孩子内心的想法，这才是真正尽到了教育子女的责任。

父母要做孩子的好朋友

一些家长常困惑地问："为什么孩子有话不愿意对我说？"其实原因就是这些家长总是一副高高在上的样子，因此孩子们尊敬他们，但却无法理解他们，总觉得跟父母缺少"共同语言"。如果父母们期望孩子接受自己，那么就得利用对等的手段，建立起民主、平等的家庭气氛，做孩子最好的朋友。

美国父母们认为，必须平等地对待孩子，和孩子成为好朋友，才能成为称职的家长，才能教育好孩子。我们可以看一下，一对普通的美国父母是怎样教育他们的孩子的：

弗兰克和杰克琳是美国阿肯色州的自由职业者，他们在教育孩子方面下了很多功夫。他们说自己一直在努力为孩子提供一种民主的家庭气氛，他们和孩子的关系就像朋友一样友好亲密。

对孩子的平等姿态是良好沟通的开始他们把孩子描述理想的作文保留下来，把他们的学习成绩、身高等按逐年变化绘制成曲线图，从小就教他们唱歌、游泳、划船、钓鱼，带他们到博物馆参观、看展览、看歌剧，有空还带他们到大自然中去呼吸新鲜空气……

在各种活动中，他们不因为自己是孩子的家长就说一不二，或摆出什么都对、什么都懂的样子，而是做能给予孩子知识和欢乐的最知心、最亲密、最可信赖的朋友。遇到比如搬家、换工作、买车之类的事情时，他们就会召开家庭会议，和孩子商量该怎么做；还组织家庭音乐会，并将每个人唱的录制在磁带中。由于家庭气氛民主和谐，孩子们生活得无忧无虑。

这样，他们的孩子有事跟父母讲，从不在心里放着，出门说"再见"，进门先打招呼，做饭当帮手，饭后洗碗擦桌扫地；平时买菜、洗菜，给父母盛饭、端汤、拿报纸、捶背；有时父母批评过了头，他们也不会当面顶撞，而是过后再解释。他们常对孩子讲："我们是父子，也是朋友，我们有义务培养教育你们，也应该得到你们的帮助，你们长大了，会发现我们有很多的不足之处，发现我们很多地方不如你们，这是正常的。因此，我们要像朋友一样互相谅解，互相帮助。"

在这个美国家庭中，不管是家长，还是孩子，都是平等的，孩子提出的看法，父母都认真考虑，有道理的就接受；而父母的想法也都和孩子讲，共同商讨。这样，就让孩子觉得自己在家里有地位，受重视，所以也就对家庭更加关心。

如果中国的父母也都能这样运用对等手段与孩子相处，也许就不会有那么多家庭问题了。

攻防计

——先给孩子打好"预防针"

兵法上说，最好的防守就是进攻。在教育孩子时也是这样，与其孩子出现问题后，再去管教、愤怒，还不如提前就给孩子打好"预防针"，提高孩子的"免疫力"，让孩子少走弯路，少犯错误。

主动向孩子谈早恋

早恋一直是家长们广泛关注的问题，也是家长们最头痛的问题。早恋，作为恋情，本无可厚非，它是一种纯洁而不带任何功利的情愫，然而过早地陷身其中，却会影响孩子的身心发展与学习进步，因此，对青少年来说是弊大于利的。那么家长怎样才能避免孩子陷入早恋的泥潭呢？教育学家认为，运用"以攻为防"的手段，做好预防工作是非常有效的。

青少年在进入青春期以后，由于生理的变化，会引起性意识的觉醒，开始认识到自己的性角色。对于异性，也由少年时期的相互排斥发展为青春期的相互吸引。渴望与异性交往，是每一个青春少年所必须具有的心理需求。然而心智尚未成熟，理智尚未充分发展，还无法有效地控制自己的情感。而此时又是学习的黄金时代，学习任务重，各方面压力大，容不得在其他方面过多地浪费精力和时间。若此时有了令人陶醉的爱情，任凭它毫无控制地泛滥下去，其后果可想而知。青少年们的"爱情"不但不能使他们提高进取心；相反，却成了昏沉度日，荒废功课，甚至毁掉前途的原因。因此，家长们都是旗帜鲜明地反对孩子的早恋，只不过很多时候他们采用的方法是不恰当的。例如有的父母在孩子上初中时就声色俱厉地警告孩子"不许早恋"，有的父母经常性地偷翻孩子的信件、日记，偷听孩子的电话，监视孩子的行动……这种做法不但避免不了孩子早恋，有时甚至还会使孩子因反感父母的做法而故意要去"早恋"。

事先打好预防针，恶病自会祛除有一个16岁的女孩，长得非常漂亮，她的母亲因此特不放心，总是对她疑神疑鬼，连接个电话她都要偷听，女孩非常气愤。后来当一个男孩追求她时，尽管她不是非常喜欢那个男孩，但却还是答应了，用她的话说是："我倒想知道早恋有什么不好的，妈妈为什么一定要压制我！"

这真是一个令人哭笑不得的故事，妈妈的管教反倒变成了孩子早恋的"动力"，这都是由于母亲措施不当引起的，因此只有采取正确的策略才能预防孩子早恋。

所谓的攻防计，就是说父母应把早恋的危害向孩子说清楚，让他们对早恋有个理性的认识。

（1）早恋会影响学习

少男少女一旦过早坠入爱河，往往会神思恍惚，情意缠绵，无法自制，学习成绩直线下降。正常的学习生活遭到破坏，对自己担负的紧张学习任务来说，显然具有极大的危害。曾有这样一位高中生，他本是班里的"尖子生"，但由于与同班一位女同学发生早恋，致使学习成绩急速滑坡，最后因在高考中"名落孙山"而受到刺激，变得精神失常。这一惨痛的教训可谓发人深省。

（2）早恋影响身心健康

十几岁的孩子正处于身体发育、心理发展的关键时刻。此时，虽然身心发展在许多方面接近了成人，但毕竟还不成熟。如果过早地把精力放在恋爱上面，不仅会有碍于智力的发展，而且还会因父母、老师的谴责和秘密交往的压力，造成性格上的缺陷和个性发展的障碍，同时对身体发育也有不利影响。

一位心理医生曾接待过40多名中学生"暗恋"者，发现他们普遍不愿把自己的感情变化和盘托出。他们感到的现实压力一是来自父母的不理解，因而不敢说；二是害怕同学讥笑，不能说；三是担心对方拒绝，不愿说。因此他们心中虽然都有自己的暗恋对象，但心中同时又留有一份自尊。在冒险表白和维护自尊之间，他们往往选择了自尊。由于长时间的压抑，他们中有的人已患上了神经症。这是一种神经系统的功能失调症，主要由心理原因引发，包括焦虑症、强迫症、神经衰弱等。

（3）早恋可能导致出格行为

由于孩子自制能力有限，而且有关伦理道德方面的判断还很不成熟。在这种情况下谈恋爱很容易发生意想不到的出格行为。对这种潜在的危险，父母一定要让孩子有足够的认识，特别是具有早恋倾向的女学生，父母更应格外警惕。

据调查，热恋中的少男少女往往不能控制自己的感情而过早地发生两性关系。过早地发生性关系后，给双方造成的心理创伤是终生都无法弥补的。

（4）早恋有可能诱发犯罪

中学生中斗殴、盗窃等现象的发生，在很大程度上与早恋有关。男孩子年轻气盛、好面子，特别在女朋友面前，更不愿意丢脸，他们往往会因为另一方对女朋友说了一句不礼貌的话，或做出了一个不雅的举动而丧失理智，大打出手，甚至聚众斗殴，以显示自己的英雄气概。还有，恋爱需要有物质上的消费，但孩子们经济上尚未独立，而父母所提供的钱往往满足不了需要。为了显示自己的"大方"，男孩子感情一冲动，就会干起偷窃的勾当，不惜以偷或抢来的钱物满足自己的虚荣。

别把网络当洪水猛兽

网瘾对一个家庭的影响是灾难性的，孩子因为网瘾而放弃学习，家长为此焦虑不已，彼此抱怨，造成了许多家庭问题。那么，家长就没有什么办法防止孩子痴迷网络、上网成瘾吗？与其在孩子上网成瘾后再打骂教育，还不如在孩子接触网络的过程中，就不断给孩子增强免疫力，让孩子对网络有个理性的认识，不至于掉落"网络陷阱"中。

教育学家认为，导致孩子痴迷网络的原因主要有以下几种：

（1）寻求心理满足

一些孩子在生活中，学习不好、体育不好，在生活中感觉到自己是个失败者，但这些孩子心理上却非常希望自己能获得成功。而网络就为这样的孩子提供了一个符合他们期望的虚拟世界。虚拟世界获得成功的机会远远高于现实生活，特别是在网络的游戏与聊天活动中，青少年更能充分体验这种成功的喜悦。

网络游戏已经不同于以往的电子游戏，它既没有确定的程序，也不是个人与计算机的对战，而是网络中不同个人所支配的替身之间进行的拼争。如果游戏获得了成功，就可以较好地满足个人渴望成功的需求，如果失败了，也可以重新开始，甚至重新寻找替身以求获得成功。成功的相对性与可能性都有力地吸引着渴望成功的青少年。

网络聊天情况也相同，当孩子以昵称进入聊天室的时候，就已经选择了自己的替身，如果在与其他人聊天时得到称赞，就会获得成功的满足。

（2）寻找宣泄情感的渠道

家长们往往过分关注孩子的学习而忽视了与孩子的情感交流。在家庭里、在学校里孩子们始终感到压抑，需要一个出口，于是网络便成为一个很好的宣泄渠道。由于网络没有时空、地域、背景、年龄、性别等方面的约束，孩子们很容易沉迷进去而不能自拔。

（3）寻找朋友的认同

现在的孩子大多是独生子女，在家中感觉孤独，如果父母与孩子的沟通不够的话，其内心的精神需求在现实生活中就得不到满足。网络的出现恰好给予他们一个机会，由于网络具有的不可知性和神秘感，喜欢幻想的孩子很容易对网络产生好感和依赖，可以通过在网上与同龄人的交流宣泄内心真实的快乐、烦恼、孤独和痛苦。

田田是个性格内向而又聪慧的女孩，在家里，父母只会关心她的学习，而在学校，由于她太文静又找不到知心的朋友。有一个周末，田田不想回家，在路上转时，看到一个网吧，她从来很少进去的，但这次她进去了。她进入了一个文学聊天室。虽然也有很多无聊的人说无聊的话，但是她能够找到几个人，可以好好地谈内心的感受。田田被深深地吸引了，以后，网吧成了她每天下课之后最想去的地方。在学校，她更少跟周围的同学说话了，常常下课了一个人坐在那里时，就会想到几个网友的神侃，他们的话总会让她一个人偷偷地笑。有的时候因为不能去上网，她的心情就会变得非常烦躁和抑郁，上课也觉得没精神。

可以说，孩子上网成瘾与家长和家庭环境有很大关系，因此家长就可以针对导致孩子迷恋网络的这些原因，以攻为守，防止孩子上网成瘾。

蓝女士曾经从报纸杂志上多次看到报道孩子上网成瘾的事，她非常同情那些孩子的父母，但也决定绝不做其中之一。于是在儿子9岁那年，她就开始了"战略部署"：她鼓励孩子学电脑，同时自己也跟着学；她尽量把儿子的课余时间安排得丰富多彩，学英语，学跆拳道，打保龄球，周末带孩子去爬山、郊游、去动物园、去海洋馆；她和孩子是亲密无间的好朋友，孩子什么话都愿意和她说；她并不特别禁止孩子玩电脑游戏，但自己一定在旁边陪伴，并控制时间；她也不忘记教育孩子网络只是个虚拟世界，上面的一切再美好也是镜花水月……转眼儿子已经14岁了，他学习成绩优秀，乐观活泼，他每周定期定时上网，不用父母监督，自己就能控制时间，他对制作飞机模型的兴趣远比玩网络游戏大得多……

蓝女士的成功就是原于对攻防计的成功运用，因为把预防工作做在了前面，所以免去了许多烦恼。

从蓝女士的成功经验里，我们总结出运用"攻防"手段教育孩子的几个要点，家长们不妨参考一下：

首先，要营造一个良好的家庭氛围，家长要以身作则，养成良好的生活习惯和民主作风，从小让孩子学会自我管理、自我控制，懂得要实现人生理想必须学会对欲望的克制，明白在网络虚拟世界获得的满足越多，离现实生活中成功的目标就越远。

虚拟的网络世界对于孩子来说具有极大的吸引力，但是这绝非孩子远离现实的唯一理由。孩子把陌生的网友当作吐露心声的对象，把平时不敢或者不好意思跟家长、同学说的话讲出来，这可以看做是一种安全的"发泄"。一般来说，作为家长，应该对这种"发泄"加以指导，而不能完全禁止，应该教会孩子如何在网络上保护自己，如不透露自己的住址、电话，不单独和陌生网友约会等。同时，还应及时和孩子建立一种平等坦诚的交流关系。

另外，父母为孩子制定使用规则。首先是时间的控制。在校学生学习任务重，用电脑只能作为一种学习辅助手段，每天使用时间以一个半小时以内为当。节假日可以多一点，但也不宜超过3小时。若孩子参加网上远程教育，可适当调整。其次是内容上的控制。要禁止孩子上网聊天和观看黄色信息。

24 训俭计
——帮孩子克服骄奢之气

现在孩子都是家里的"小皇帝"、"小公主",要风得风,要雨得雨。一些孩子就养成了骄奢的习惯,花钱大手大脚,不知爱惜物品,这种习惯对孩子的健康成长是极为不利的,因此家长应理直气壮地教育孩子勤俭节约,帮孩子养成节俭的习惯,这才是真正的爱孩子。

零用钱里有学问

现在父母似乎越来越喜欢用零用钱来表达自己对孩子的爱,于是孩子的零用钱越来越多。这些钱来得容易,孩子花的也就容易,轻轻松松几十、几百就甩了出去。教育学家的疑问是,孩子现在养成了大手大脚花钱的习惯,等将来他们长大后发现挣钱并不像想象中的那么容易怎么办?做"月光族"吗?做"啃老族"吗?因此,父母们应该从现在开始就培养孩子勤俭节约的习惯,这样孩子长大后才能更好地照顾自己。

请看一个小学四年级的孩子,在一个星期天的生活记录:早上9:20起床,匆匆吃过早餐后,就约了三个同学一起去网吧玩,中午的午餐是在麦当劳里解决的，这个孩子点了128元的食品和伙伴们一同享受。午饭过后，几个孩子又去逛了逛体育用品商店，他又给自己买了一个125元的篮球，而事实上他已经有了两个篮球，同时又买了两双58元一双的运动袜。下午3点钟，他们又在网吧里玩了会儿游戏，然后几个孩子各自打车回家了。

一个小学四年级的孩子，一天的花费竟然高达三百多元。教育学家不停地在向社会呼吁：再富也不能富孩子！然而我们面对的现实却是，孩子手里大都拿着来自父母和亲朋给的零用钱，衣袋里装着几十元、几百元，甚至上千元！而且家长又不教孩子怎样使用零用钱，于是孩子们就开始任意挥霍：去歌舞厅、游戏厅，甚至抽烟，这些学生虽属少数，但金钱的影响已经严重地腐蚀了他们的灵魂。

一个小学三年级的孩子说："我妈妈一天给我30元，除中午吃饭之外，剩下的钱买零食。"一天30元，一个月就是近千元！孩子的浪费现象和鄙视节俭的作风由此可见！

从对孩子的教育上来看，这其实是一个勤劳俭朴的问题。从某一点上来讲，暴露了我们对孩子的勤俭教育做得相当不够。

其实，在一些发达国家，父母给孩子零用钱也是一件极其普遍的事，因为零用钱是承认和满足孩子的合理经济需求，对于每个小孩的生活和教育有着重要影响，但他们同时强调要培养孩子的节俭意识，教孩子合理使用零用钱，利用零用钱来培养孩子的责任心和自理能力。

美国亿万富翁小洛克菲勒对孩子的零花钱如何发放和如何使用的问题就极其重视。他每周六给孩子发放下周的零用钱。自孩子七岁开始，每周发放三角钱，并给孩子配有一本小小记事本，要求孩子把每周零用钱的出入账都记录得清清楚楚，还要能够说出钱为什么这样花。在下一次发放零用钱的时候，孩子们要一一报账，家长满意的就可能多得到一些。每个孩子都试图把自己的钱用得更合理些，也就学会了节俭。

所以，在家庭教育中，家长如何给孩子零用钱，如何指导孩子使用零用钱，也就不能看作是一件无足轻重的小事。因为这不仅关系到培养孩子文明、科学、健康的消费观念，同时也是让孩子学会对自己的行为负责，培养其责任心和自立能力的一个途径。

由此看来，家长怎样给孩子零用钱，孩子怎样使用零用钱，这对孩子的成长绝不是一件小事。

洛克菲勒给孩子们的零用钱很少，如果他们感到手头紧张，就鼓励他们自力更生。要积极认真地对待孩子零用钱问题。培养提高孩子的消费意识和能力，建立正确的生活方式，提高家庭教育质量。

一些家长在给孩子零用钱时往往存在着误区，比如有些家长把零用钱与对孩子的奖惩挂钩，比如有的家庭，在孩子学习得到好成绩时就给奖金，如考试成绩好奖给 10 元，作业写得好奖给 5 元等等。这就把鼓励的方向搞错了。因为把学习搞好是学生的责任，没有必要额外再给奖金。更不应该把分数与钱数规定出比例，得 100 分给 100 元，得 60 分给 60 元等等，这样就误导了孩子的学习目的，成了为钱而学习。同时，这些孩子在拿到家长的奖金后，就往往大肆挥霍，如果家长干预，孩子就会说："不是奖给我的吗？不让我花，奖励还有什么意义？"因此，家长要让孩子合理使用零用钱，首先是要给好孩子零用钱。一是数量要适当，数额要根据家庭经济状况和孩子的合理需要统筹考虑。一般以够支付孩子合理的开支为限，不宜多给，也不宜少给。二是时间要适宜。零用钱可以选在一个有纪念意义的日子开始给，如小孩上学的第一天等，告诉孩子这笔钱的用处，并使他懂得自己在家庭中的地位和责任，之后可以定期发给。

训俭计的第一步是合理地给孩子零用钱，接下来的第二步就是教孩子用好零用钱。训俭计的第三步就是父母要结合对孩子使用零用钱的教育，培养孩子的初步自我管理钱财的能力。杰克·法里斯是美国最大的企业组织——全国独立商行联合会的董事长兼总经理。法里斯一直认为自己的成功得益于父亲对自己的培养。在法里斯 13 岁的时候，父亲就要求他学会合理安排劳动所得，父亲帮他制订了一个储蓄计划：法里斯收入的百分之十用于救济穷人；百分之二十作为他给父母的赡养费，而父母赚的钱则用作他以后的大学学费；还有百分之二十是法里斯自己的储蓄；剩下的百分之五十收入由他花销。

这样，法里斯在父亲的严格监督下，从小就养成了勤劳、节俭的好习惯。零用钱对大人来说虽然不多，但对孩子来说可能是一笔可观的财富，因此教育孩子用好零用钱的同时，也要趁机培养孩子的理财能力，教会孩子有计划、有选择地花钱。并教育孩子要成为金钱的主人，而不是金钱的奴隶。

不要一味地满足孩子的要求

一些父母认为，现在生活条件好了，没道理让孩子受委屈，怎么也不能比别的孩子差。在这种心态下，父母对孩子几乎是有求必应，孩子要什么就给买什么，于是一些孩子拼命追求物质享受，吃的、穿的、用的都是最好的，同时对自己的东西又不珍惜。孩子一旦养成了大手大脚的坏习惯就很难改正，而一个满身骄奢之气的孩子也是很难有什么作为的。

据调查统计，目前青少年犯罪率呈上升趋势，不少学生从小娇生惯养，沾染上了花钱如流水的坏习惯，以至于到了经济拮据、无以为继时，从小偷小摸开始，逐步沦为罪犯。这些事例足以使我们深思！

教育学家告诫父母们：不要一味地满足孩子的每一个愿望和要求。只要是孩子看到的和喜爱的东西，当父母的无条件地给孩子去买，这种做法是极其错误的。父母们应当教育孩子不能只想到他自己，还应该想到别人，至少应当想到家庭中的成员。这一点看起来很简单，却常为许多父母所忽视。不少当父母的人，总是千方百计满足孩子，生怕孩子不高兴，孩子要什么就给他什么。不但自己主动地让出自己应有的一份，还要求家庭中的其他成员也都让出应有的一份给孩子。这样的父母，往往没有想到孩子的要求是无尽的。你今天满足了他这个要求，他觉得有求必应，于是明天又提出新的要求。这样做无意中纵容了孩子，培养了孩子的利己主义思想。时间长了，不但养成了孩子不尊重别人和不尊敬长辈的坏习惯，而且，在达不到目的或愿望得不到满足时，他们还可能由失望转变为消沉。

另外，当父母的以身作则，厉行勤俭，也是"训俭"的一个好办法。

在童年的撒切尔夫人眼里，父亲罗伯茨是个极其吝啬的人。有一次，11岁的撒切尔夫人求父亲给自己买辆自行车骑着玩，父亲却拒绝了，他的商店生意很好，家里也很富裕，但他认为女儿还没上中学，不需要自行车代步，不是非花不可的钱，一分也不花。

罗伯茨经常对女儿讲自己是如何勤俭节约的，他说起自己年轻时找到的第一个工作每周只能赚十四个先令，其中十二个先令交给房东，其余两个，他自己只用一个，存起一个。

罗伯茨在家里精打细算，省吃俭用，但他对外人却很慷慨，他经常把食品与金钱送给穷人。他对女儿说："考虑问题的出发点是能否给人以实际帮助。不要像有些人那样，认为从床上爬起来到市场抗议一下，就是帮助了穷人。重要的是你用你微薄的收入干了些什么？"

这些教育，使撒切尔夫人形成了节俭的好习惯。

节俭是一种美德，家长们都应当理直气壮地教育孩子节俭，让孩子懂得不是要买什么就能买什么，衣、食、住、行等各方面都不能奢侈，只有这样，才是在为孩子做长远打算。

伴教计

——在参与中教出好孩子

如果父母能够参与孩子的生活，多抽出时间陪伴孩子做一些事，那么不但可以增进亲子感情，还可以鼓舞孩子，同时父母还可以对孩子多一些了解，这于开发孩子的潜力、培养孩子成才是非常重要的。

陪孩子一起学习

一般来说，孩子学习的自觉性是比较差的，比如我们就常听到有家长骂孩子"你竟然不做作业就跑出去玩！""你现在不学习，长大就得吃苦头！"……其实孩子贪玩是天性，想让孩子努力学习，家长就应该想办法引导。比如通过陪孩子一起读书的方式来感染、教育孩子就是一种不错的教子方法。

有一个妈妈，给她6岁的儿子准备了一本有趣的童话书，让孩子自己读。她的儿子是非常喜欢听童话故事的，可是他拿起书翻了不到两分钟就随随便便地把书扔到了地板上。妈妈有点生气了，就问儿子："你不喜欢故事吗？""不是啊！"儿子有点委屈地回答："我不喜欢一个人看书！"妈妈想了想，就坐下来陪儿子一起读书，她给孩子准备了一个笔记本，一支铅笔，然后母子二人坐在书桌前，开始读那本有趣的童话书。碰到儿子不认识的字时，妈妈就把那个字写下来，把读音和意思也告诉儿子，然后看完书后再让孩子练习几遍。这位妈妈发现，这样的读书方式儿子是非常喜欢的。一年后，儿子上小学时，已经认识四千多个字，在班里的学习成绩也是名列前茅。

陪伴孩子学习成长是每个父母的必修课生活中，一些父母一再要求孩子好好学习，可这些孩子的家长却天天晚上围着"麻将桌"，对孩子的学习不闻不问，这样的家庭实在不利于孩子的学习和进步。因此，家长们不妨向这个故事中的妈妈学习，在陪"伴"孩子读书的过程中"教"育孩子。这样做好处有很多，一是榜样作用，孩子通过和家长一起共读，学习模仿家长的学习方法、学习态度。二是起到引导作用。到底如何学？通过家长的指点，孩子在学习过程中能够直接掌握学习的方法和规律，可以少走很多的弯路。三是起到督促、检查作用。通过家长的伴读，家长对孩子的学习方法、学习态度、知识掌握的程度有一个全面的、清楚的了解，便于查漏补缺。通过伴读教育可以对孩子进行为学和做人的教育。

同时，运用伴教计来陪孩子一起学习，还可以增加家庭和睦、团结的气氛，给孩子以亲切和温暖感，这样的家庭氛围自然有助于孩子的成长。

琳琳是个聪明的孩子，就是学起习来心浮气躁，不是想看电视，就是偷听音乐，每天晚上学到九点半钟，可是一本书都翻不了几页。爸爸妈妈说她几次，收效甚微。后来琳琳的老师给这对苦恼的父母支了个招儿：陪孩子一起学习。琳琳的父母为此特别制作了一个时间表：每天晚上 5：30—6：00 吃饭，6：00—7：30 全家人看电视，7：30 新闻联播一结束，爸爸妈妈就陪女儿一起回房间学习。爸爸妈妈每天都把自己的一部分工作带回来做，这让琳琳觉得新鲜极了。她看看妈妈，妈妈正在专心地看报表，而爸爸则在全神贯注地画设计图，再也没有什么事能让琳琳分心了，于是她也开始低下头学习。当遇到不会的问题，她就可以问爸爸、妈妈，三个人热热闹闹地讨论一会儿，气氛特别融洽。这一年期末考试时，琳琳在年级由 73 名跳到了 11 名，在班里排在了第 2 名。

为了感谢父母辛苦地陪她，琳琳还用自己的钱给父母每人买了条围巾。

在陪伴孩子一起学习时，父母其实就是在用自己的行为榜样影响着孩子，对孩子起到了带头作用。比如在这个故事中，琳琳本来是个学习不专心的孩子，但在父母的感染下，她也开始低下头认真学习了。当然，这种"伴教计"还要能够持之以恒地运用下去，才能取得良好的效果，"三天打鱼，两天晒网"是没有用处的。

另外，在运用"伴教计"时，家长还必须注意以下几个问题：

（1）家长伴读过程中要注意自己的行为。因为家长在孩子的面前就像一面镜子。孩子会自然或不自然地模仿家长的言行。假设家长在陪伴孩子读书时，自己在津津有味地看着黄色书籍或武侠小说，那么自然会对孩子有坏的影响，这样不利于孩子的进步和成长。

（2）家长对孩子的伴读要持之以恒地坚持下去。自始至终地坚持下去能够帮助孩子养成一种良好的学习习惯。如家长每晚 7：30 开始和孩子一道学习，到晚上 9 点钟结束，长此以往地坚持下去，孩子每晚一到 7：30，便会自觉地学习。反之，则不利于形成孩子良好的习惯。

（3）家长在伴读过程中，一发现孩子不良的学习习惯或学习中存在的错误要及时地予以纠正。

（4）家长在伴读过程中针对孩子的缺点错误进行批评、教育时，一定要注意方法。最好做到"晓之以理，动之以情"，切勿打骂，引起孩子的反感。要给孩子以亲和感、温暖感，使孩子感到家长的伴读是一种家庭的温馨。

别忘了参与孩子所热衷的活动

孩子们通常有自己的社会活动，比如学校组织的风筝大赛、校际篮球比赛、打乒乓球等等。一些家长可能会认为，这只是毛孩子的游戏，关我什么事儿呀！其实这种想法是完全错误的。教育学家建议父母们，要积极参与孩子的这类活动，因为你的参与就是对他们的肯定。

斯科特先生从未忘记参加有孩子参与的每一项活动：市篮球联赛、运动会、学生音乐会、话剧表演——即使儿子只是演一棵树。斯科特先生是一个牙科医生，对运动一窍不通，对音乐也不大感兴趣，但他还是努力抽出时间去为儿子加油。因为他说，希望自己在孩子成长过程中尽量陪着他。最近一段时间，儿子迷上了制作遥控飞行器，为此，他甚至办了寄宿，专心地在学校里研究试验。每天，他都会给斯科特先生打电话，报告自己的新进展：他的飞行器反应更灵活了、飞得更远了……一天，儿子打来电话："爸爸，明天下午就开始比赛了，来替我加油吧！"爸爸兴高采烈地回答："太棒了！我明天一定准时去。"第二天，斯科特先生把诊所停业一天，上午跑到书店里找了很多遥控飞行器方面的书，又给儿子买了一组昂贵的飞机模型，下午准时赶到学校。遗憾的是，儿子那天并没有取得好名次，面对专程赶来的爸爸，孩子有点惭愧。斯科特先生拿出自己准备好的礼物——书和模型递给了儿子，然后用玩笑式的威胁口吻说："小子，看到了吗？这么贵的书和礼物都买了，你要是敢因为一次小小的失败就放弃，那我绝对饶不了你！"儿子大笑着接过礼物："什么放弃呀！等着吧，下次第一名就是我！"这时，他已经完全振作起来了。

腾出时间陪孩子一起做孩子所热衷的事情，是无比重要的。如果你希望孩子养成持之以恒的品质，掌握其他与工作、生活相关的技能，你就要在参与孩子活动的过程中，用你自己的兴趣、可依赖性及独特的指导，为孩子树立榜样，只有这样才是明智的。

比如，如果你正帮助你的孩子学习表演，你自己首先应该掌握，然后才能教会孩子，进而鼓励他练习表演。如果孩子年龄稍大一些，那么你就应该带他去图书馆，找本关于表演技巧的书，看这方面的电影和录像，帮助他造一个表演台或者在网络中找到这方面的内容。

在他厌烦或灰心丧气时，你可以建议他休息一会儿，但其后要立即投入练习。不要因为自己不感兴趣或疲劳就泄孩子的气，要他们"今天就这样吧"，或者让他们干些别的有兴趣的事。要做到这一点很难，但请记住，孩子天性顽强，有弹性，在他们沮丧泄气之时，你不鼓励他们，就等于损害了这些天生的优点。另外很重要的一点是，你在定向及参与程度上要稍有变化，尤其在孩子具有注意力不持久、缺乏动力等问题时更应该如此。首先，要确保自己的爱好与孩子的水平相适应。如果太难，会让许多孩子失去兴趣。如果太简单，没有一点挑战性，那么就不可能让孩子长久保持兴趣。

一旦参与了孩子的活动，就要陪孩子一起坚持下去，即使孩子兴趣转移或者某些方面令人灰心丧气，也要鼓励孩子坚持下去，要想使某个爱好对培养情商技能有用，就必须坚持半年的时间，最好更长些。应花些时间与孩子一起选择某个爱好，最好能找到某个让你们双方都很感兴趣的爱好，这样就能保证你自己也能坚持下去，从而培养孩子坚定不移的精神。鼓励孩子坚持某个爱好只是伴教计众多方法中的一种。要想培养孩子勤奋工作、持之以恒的精神，不是轻而易举就能完成的工作，它颇费时间和精力。

参与孩子的一次活动，做一件你和孩子都想去做的事情，也尽力找到一件需要你们共同努力的工作，就是设计一个有意义的家庭合作计划。

家庭计划可以是多方面的，如开展家庭读书读报活动、学习写作计划，为报刊撰稿、参观博物馆或定期进行乡土旅游与异地旅游、开展家庭小收藏活动、建一座游戏室或屋外的储藏间等。

在参与孩子的活动过程中，家长可以教育孩子如何将某一任务分成几个小任务，循序渐进地完成它，接受指导以及正确衡量、制定并执行资金预算。从而开发孩子的想象力，培养孩子的合作精神，促进各种感官的协调配合等。

防微计

——别让孩子的小毛病变成大问题

生活中，孩子有时会有一些小毛病，比如霸道、无礼、懒惰等等，这时候家长就要注意了，问题虽小，但也要严管，防微杜渐，否则这些小毛病会变成大问题，那时候家长再想让孩子改正，就不那么容易了。不要姑息孩子的小毛病，严管同样是爱的表现。

严管坏行为才不会形成坏习惯

一些家长常常会这样评价自己的孩子："我儿子学习好、体育好，可就是有些坏习惯让人受不了。唉！"所谓习惯，当然是在生活中慢慢养成的，而孩子之所以会养成坏习惯，也都是由于当孩子刚刚出现小毛病时，当父母的或者听之任之，或者姑息迁就，以至于有了这样的结果。如果家长能一直对孩子进行严管，努力消除妨碍孩子形成好习惯的消极因素，那么他们也就不会有后来的烦恼了。

童童是父母的掌上明珠，从小父母就对她格外娇惯。童童虽然聪明可爱，但也有不少小毛病和小脾气。比如挑食，不吃青椒，不吃姜蒜，不吃牛肉；还有，不会洗衣服，她的衣服从来都是妈妈洗；另外，童童还特别任性，什么事都得听她的，爱发脾气……不过父母认为，谁家的孩子能没有毛病，想管吧自己又怎么舍得骂女儿呢！转眼童童上高中了，父母的烦恼和麻烦也就来了：童童是在另一个城市里读重点高中，因此得住校。结果开学不到三天，童童就哭着打来了电话，抱怨说学校食堂的饭菜没法吃，她每天都吃方便面，不会洗衣服也没人帮她，另外与同寝室的室友相处得也不好，大家都欺负她……童童的父母赶忙扔下工作，赶到女儿学校，结果发现学校的饭菜其实很可口，只是有青椒、牛肉，所以童童不肯吃；童童的衣物用品丢得满寝室都是，同寝室的人都拿她没办法，而且也不是同寝室的女孩难相处，是童童自己太任性、太自我中心了。看着哭闹不休的女儿，夫妇俩都不知道该说什么好了。

生活中，如果发现孩子自私、任性、不讲卫生、不遵守公共秩序时，父母就必须及时进行批评，指出这种行为的错误，千万不要认为"孩子嘛！都是这样，长大就好了"。孩子没有明确的是非观念，大人的迁就只会使孩子变本加厉，到最后不可收拾。这就是为什么说，爱必须是严格的。严才是爱的表现形式之一。没有真正严格的要求，也就不会有真正的爱。所谓"爱之愈深，责之愈切"就是这个道理。严格要求孩子，不姑息孩子的一点小毛病，就是在他们懂得道理的基础上，向孩子提出合理的要求，防微杜渐，不让小毛病变成大患。

当然，运用防微计严格要求孩子讲起来容易，做起来可没那么容易。原因就是父母总喜欢或容易原谅孩子的一些小毛病，对孩子的一些不太好的行为与言论给予宽容，而不能够真正及时纠正或及时指出。做父母的教育孩子一定要懂得爱就必须严的道理。

别让赖床滋生了孩子的懒惰另外，在培养孩子良好的习惯时，必须要有连续、连贯性。当我们固定某一个人——在一般的家庭里这个人通常是母亲——负责培养教育孩子的时候，教育的连贯性比较容易做到。当一个孩子由周围或家庭里几个人：妈妈、爷爷、奶奶同时负责培养时，这时由于每个人有各自不同的观点，没有统一的认识，在培养孩子上就会步调不一、宽严不一。具体表现就是许多家庭中常出现母亲与奶奶或爷爷的矛盾。母亲想严格要求，爷爷奶奶要庇护。妈妈打孩子一巴掌，爷爷奶奶把脸拉得老长。因此，防微杜渐培养孩子的良好习惯既是一件细致艰巨的工作，也需要我们当父母的人有持之以恒的精神。

在一种日常生活中，很容易被大人忽视的不好行为，那就是在许多公共场所，如在等候公共汽车时，许多人都在排队，有些孩子见排队的人多，就到前面去插队，或者干脆不排队就站到最前面，或抢上公共汽车而且还为父母占位子。这原本是一种不遵守公共纪律和投机取巧的行为，而有的父母也为了图一时的方便和舒适，不加阻拦，反而津津乐道地认为孩子机灵。这种纵容孩子的态度和行为，不但对培养孩子良好的行为习惯不利，还加重了孩子的自私、野蛮、危害公共利益的行为。

所以，父母对孩子生活上的某些小节绝不能忽视，要随时纠正孩子的不良行为。

警惕孩子小偷小摸的坏习惯

一些孩子往往在不知不觉中养成了小偷小摸的坏习惯，同学的铅笔盒、朋友的玩具，"想拿就拿"、"喜欢就要"。如果出现了这种情况，家长就该注意了，不要因为事情小就不管不问，必须对孩子防微杜渐，坚决纠正孩子的不良行为，免得孩子将来犯大错。

小涛是个小学五年级的孩子，他的父亲开了间汽车配件商店，妈妈是一家公司的管理人员，家里经济条件很不错。但据班主任老师说，小涛有小偷小摸的习惯。二年级时，他有几次把同学的笔、橡皮泥等带回了家。上四年级后，有几次拿走了同学文具盒里的钱。老师曾多次对他进行教育，但效果不明显。

这次他又拿了同学书包里的一百多元钱，学校认为这是个很严重的问题，不但把家长找来谈话，还表示如果再有类似事情，就请他们把孩子带走。这下小涛的父母可着了忙，他们没想到问题这么严重，其实孩子小时候拿同学文具的事，他们都知道，可是他们那时觉得自己家又不缺钱，孩子不过觉得新奇，拿来玩而已，没有必要"小题大作"，没想到孩子这么不争气，竟然偷同学的钱，而且还屡教不改。

古人说："勿轻小事，小隙沉舟；勿轻小物，小虫毒身。"不管孩子的偷盗是源于什么原因，亦不管其所偷盗之物价值如何，父母都必须认真对待。千万不能因为事情小就不去追究，要知道"星星之火，可以燎原"。

因此，家长们应当运用"防微计"教育孩子，发现孩子有不良的倾向或苗头，就要马上纠正，别让小毛病变成了大问题。

那么家长们怎样运用此计防止孩子养成小偷小摸的习惯呢？

（1）在思想上防"微"

从孩子懂事的时候起，就要经常给孩子讲一些拾金不昧的故事，告诉孩子不能拿小朋友的东西，因为那样做是不对的。

小小的妈妈是老师，她非常注意对女儿的道德教育，从不许女儿随便拿人家的东西。小小读小学一年级的时候，老师带着孩子们去郊外野炊，小小所在的小组负责拾柴火。孩子们走了很远，又忘记带水，一个个渴得嘴里直冒烟，正在这时，他们来到了瓜地，地里满是大大圆圆的西瓜。孩子们立刻冲了过去，一个虎头虎脑的男孩子说："西瓜又不值什么钱，而且现在又没人，干脆我们自己拿两个吃吧！"小小立刻反对说："这是偷窃，是不对的！"几个男孩子不高兴地回答："偷个瓜难道还用坐牢吗？你不偷就一口也别想吃！"结果小小一个人走开了。后来老师从其他同学口中知道了这件事，就在全班同学面前表扬了小小，还告诉小小，你有一个好妈妈。

（2）生活中，要多注意孩子，细心防"微"

要非常注意观察孩子的日常用品是否有变化。如：经常性地检查孩子的书包，看书包里是否多了东西。如书包里的橡皮、铅笔、钢笔是不是孩子自己的。这些东西是否多了，为什么会多？多的东西是从哪里来的？要注意检点孩子的行为，看行为上是否出现不良的苗头。

（3）防"微"还要"杜渐"

"杜渐"就是将其杜绝，不让其继续发展。当发现孩子有小偷小摸的行为时，不管孩子拿的东西有多么小、多么不值钱，都要严厉地管教孩子，避免偷窃再次发生。

一天，妈妈看见多多一个人在院子里踢毽子，不禁有点纳闷：儿子怎么会玩起女孩子的东西来了？她走出去问多多毽子是什么时候买的？多多犹豫了一下，然后说："谁买它呀！是我在小敏的书桌上拿的！"妈妈生气了："是没告诉小敏就拿回来了吗？"儿子点了点头。妈妈立刻批评他说："知不知道你这样做是在偷东西？不告诉人家把东西拿走就是偷东西！"多多满脸通红地站在那儿，好半天才说："妈妈，我错了！"妈妈点点头，语气也温和了些："那好，赶快去把毽子还给小敏，向她说声对不起！孩子，不要认为妈妈对你太严厉，你们在学校也学过的，不能偷拿同学的东西，对不对？"多多想了想，认真地点了点头。从那以后，多多再也没有随便拿过别人的任何东西。

有一句俗语："做贼偷瓜起。"意思是说：一个人成为盗贼往往一开始的时候，是从偷吃别人的一个小瓜开始的。这就说明，当一个人坏思想、坏行为刚处在萌芽状态时，如果不制止，而是任其发展，就会成为大患。因此，当发现孩子有小偷小摸的苗头时，就一定要防微杜渐，姑息放任只会害了孩子。

劝和计
——让孩子与老师相互包容

老师与学生之间也会发生一些摩擦和误会，这时家长就要担任"和事佬"的角色，帮助双方消除矛盾、误会，互相理解、互相包容。让孩子照样尊敬老师，老师继续爱护孩子。

别让孩子对老师产生偏见

在学习过程中，孩子很容易对老师产生偏见，比如："老师对我特严厉"、"老师不喜欢我"、"老师总喜欢批评我"等等。在中国的学校里，每个班级大概都有三四十名孩子，因此老师可能会对孩子有宽严之分、亲疏之别，但也可能是老师一视同仁，孩子的自我感觉出现偏差。但无论是哪一种情况，家长都不要附和孩子，这样做只会加深孩子的偏见，甚至会彻底毁坏师生关系。

在某重点小学里发生过这样一件事：有一位母亲，非常在意孩子在学校的状况，生怕孩子在学校吃一点亏。有一天，当孩子放学时，母亲立即问他："今天怎么样？"孩子答道："我不喜欢朱老师，她也讨厌我，今天我一直举手，老师却只叫别的同学。"听到孩子这样说，这位母亲立刻火了，马上打电话到学校，一口气说出她对老师的不满。当校领导找朱老师调查情况时，老师感到很意外，而且对这位母亲的指责也感到非常委屈和气愤。

事实上，朱老师根本没有厌恶这个孩子的心理，而这个孩子的成绩也很好，老师还期望他能担任学习委员。当天课堂上之所以没有叫他，只不过想给成绩差的同学一些发言机会，没想到家长竟然为这个指责她。从这一天之后，这位学生和老师之间的关系几乎濒临破裂之境，以致使这位学生在上课时，再也不敢举手发言了，甚至产生厌学的情绪。

父母通常只能经孩子口中了解学校中的种种状况。假如孩子对父母诉说"不管我做什么，老师总喜欢骂我"或"我想回答问题也没用，老师根本不点我的名字"时，父母的态度是相当重要的。

而生活中某些父母根本不分青红皂白，只相信孩子的话，生气地回答说"老师为什么只会骂你呢？"或是"可能是老师不喜欢常常叫你吧"！其实，这样的回答方式，是无法造成好的结果，反而使受害最大的人变成是孩子自身。因为父母如此的回答，只会加深孩子的多心，从而不信任老师，当然对孩子的学习与教育都会带来不良的影响。

其实，父母应该避免在孩子面前评判老师的是非，遇到孩子抱怨老师的时候，家长应该多"劝和"，用一些中肯的话教育孩子，避免孩子对老师产生抵触情绪。

比如有一个孩子回家向父亲抱怨说，自己今天上课时不过多向窗外看了几眼，老师就狠批了他一顿，他还说这个老师从来就不喜欢他，是故意找碴。这位父亲听完孩子的抱怨后，是这样教育孩子的：老师会骂你，才表示老师非常关心你，希望你能严格要求自己，不断进步。现在你抱怨老师对你太严厉，可是如果你上课玩游戏机，老师装作没看见；让你背课文，你没背过，老师也不检查；作业没做完或做错了，老师也不检查纠正。这样长期下去，你的学习会好吗？等到你长大走上工作岗位，回忆起现在时，你肯定会说，当时老师是多么不负责任。再说了，老师正讲课，你却看窗外，是不是太不专心了？如果全班四十多名同学都像你这样，那课堂不乱套才怪，老师还怎么讲课，学生还怎么听讲？上课不做任何与学习无关的动作，这是学生应该遵守的纪律。所以，别再抱怨了，你应该理解老师的苦心才对呀！

孩子听完父亲的话后，不好意思地挠头笑了，还告诉爸爸要主动给老师写份检查，下一次上课再也不溜号了。

生活中，很多老师都认为现在的孩子太不尊重老师，有的甚至当面顶撞老师。一项教育调查显示，越来越多的孩子对老师存在偏见，而如果听任孩子对老师产生偏见，那么无论是对教育事业的发展，还是对孩子的自身成长，都会有十分巨大的危害。因此，父母们在孩子对老师产生偏见后，就要运用劝和计，以一种温和的姿态，劝导孩子，消除孩子的偏见。首先，让孩子在自由的氛围中发泄对老师的不满，这种发泄还可以起到一种平衡心理的作用。父母认真地倾听，孩子会感觉到自己的烦恼得到了尊重，就会毫不隐瞒地把事情的经过、抵触老师的原因讲出来。等孩子的情绪稳定下来之后，父母要与孩子一起冷静地分析事情的利弊，客观地看待抵触情绪。接着，父母应当引导孩子学会换位思考，与孩子一起站在老师的角度重新审视，必要时还可以创造场景去体会老师的情绪和难处，让孩子学会多体谅别人，为他人着想。这样的话，在家中就可以改善孩子和老师的关系，减轻孩子对老师的偏见。

引导孩子正确化解老师的误解

老师需要对孩子负责，需要管教孩子，当然有时也就会误解孩子，与孩子产生一些矛盾。在这种情况下，家长一定要多"劝和"，引导孩子正确对待老师的误解，并积极化解彼此间的误会，不要让误会愈演愈烈。

辰辰是初中二年级的一个女孩，性格很乖巧，学习成绩也还不错。有一位严厉的数学老师，一直对她不错，可是有一天上课的时候，辰辰不小心把书桌上的一本英语书碰掉在地上，辰辰连忙弯腰去捡书。结果又不小心把另一本书也碰到了地上，教室里立刻响起了一片笑声。数学老师紧绷着脸把辰辰叫了起来，让她回答问题，由于紧张，辰辰结巴了半天也没回答出来。老师生气了，让辰辰离开教室。听到教室的门"哐"一声关上后，走廊里的辰辰惊呆了，难道自己这么令人讨厌，竟然把自己赶出教室，不让听课！不要让孩子与他的老师伤了和气自己平时又不是差等生，为什么要受到这样的惩罚？初二的女生也是大姑娘了，这种丢人的场面竟让自己撞上，辰辰痛苦地流下了眼泪，连书包都没拿便回了家，向爸爸哭诉了一切，甚至还要爸爸给她转学。

生活中，像这样的情况也时有发生，遇到这样的事情时，家长一定要冷静地分析情况。一般来说，老师和学生间产生矛盾或误解都是由学习活动引起的。老师都希望学生能学好他们教的课程，认真听讲，尊重他们的劳动。老师围绕着学习所进行的批评，应该说动机都是善意的，也都是对孩子的高标准、严要求。但有的老师批评孩子时也会出现些失误或言词欠妥，在事实上有些出入，从而引起孩子的抵触情绪。被误解的孩子会认为老师是看不起自己或故意和自己过不去。遇到这种情况，父母一定要教导孩子依据客观事实进行冷静分析，看老师到底有什么看法，不能只凭主观就得出老师故意和自己过不去等结论。老师是教知识的，学生是学知识的，老师无论提出什么批评都是针对学生的学习状况展开的，师生之间又没有个人的恩怨，怎么能会产生成见呢？如果家长能帮孩子客观分析，就会使孩子消除偏见，增进师生间的沟通。

还是以辰辰的故事为例。辰辰的爸爸听完女儿的哭诉后，认为这个问题虽小却很严重，处理不好就会影响辰辰的学习态度。于是考虑了一下后劝导辰辰说："我知道你现在觉得很委屈，但爸爸还是劝你冷静一下。你说要转学，我们先不说能否再找到一个适合你的学校，即使你真转学了，也是带着不愉快的记忆，你也会觉得很难再面对现在的同学和朋友了。所以，逃避不是办法，我们还是来解决眼前的问题吧！老师误解了你，你很生气，但你也要为老师着想一下，你看教室里那么多人，老师又不是神，根本没办法对每个同学每一件事都处理得公平合理。况且这个老师以前对你不是很好吗？我相信她一定不是故意针对你，说不定她现在也在后悔不该对你火气那么大呢！"辰辰终于冷静下来，可是她还是有疑虑："可我再见她说什么呀？"爸爸笑了："这么聪明的女儿还不知道吗？解释啊！误会是可以解开的。"第二天，辰辰在走廊里遇到了数学老师，她紧张地走上前去，解释自己昨天并非故意扰乱课堂秩序，结果，老师有点不好意思地笑了，并承认自己确实误会辰辰了，还让辰辰放学后等一会儿，把耽误的课补上，一场误会烟消云散了。

这位父亲就成功地运用"劝和计"化解了师生间的矛盾。在师生交往中，出现些误解、矛盾是常事，但要记住，小摩擦处理得好，可以"化干戈为玉帛"，处理不好，就会留下"隐患"。因为学习的事，师生间出现些误解，家长要让孩子站在老师的角度设身处地地想一想，老师是不是故意地站在自己的对立面，自己的言行有没有什么误导。通过互换位置理解，就会认识到，班级里那么多的同学，老师要想真正做到有的放矢地进行教学和教育工作也是很困难的。他们对问题的判断也不一定就准确无误。师生间出现些暂时的误解，学生应本着有理让人、无理认错的态度，这样才能真正地改善师生关系。

另外，还有一种情况是，有一些孩子，在学校里与在家中的表现完全不同。在家里又懂事又听话，是一个很乖的孩子，可一到学校，就情绪低落，不爱学习，表现糟糕，经常受到老师的批评，也经常顶撞老师。在这时候，父母要主动地、心平气和地与老师沟通，向老师提供孩子在家的一些日常表现状况，让老师也了解孩子的另一侧面，消除对孩子的误解，从而对孩子的行为有一个全面的评价，在此基础上，与家长积极配合，教育好孩子。

立规计

——用合理的规则让孩子学会自控

孩子的自控能力较差，而家长"不要这样"、"不要那样"的说教又容易引起孩子的厌烦，因此家长可以为孩子建立一套行之有效的行为规则，作为孩子判断自己行为的依据，以此来约束自己的行为。

用规则要求孩子做自己的事

生活中，一些父母经常为孩子过分贪玩、不爱整洁、不肯做自己的事而头疼。比如，一些孩子把玩具随手乱丢，房间弄得乱七八糟，不洗衣服等等。要孩子主动去做这些事几乎是不可能的，催促和命令也不见得有效，因此家长不妨考虑考虑老祖宗留下的意见："没有规矩不成方圆"，如果能为孩子订立适当的规则，那么孩子就会在规则的约束下，自觉地去做该做的事。

生活中，父母们往往是命令孩子或者说是用父母的权力强迫孩子做家务事的，那么这样做效果如何呢？请看下面这个例子：

晶晶13岁了，妈妈认为已经上了中学的女儿应该自己给自己洗衣服了。于是在一个周末，晶晶把脏衣服抱给妈妈时，妈妈拒绝了，并要求她自己洗，晶晶不高兴地把衣服扔在洗衣机旁，转身走了，妈妈把她拉到洗衣机旁，强迫她把衣服洗了。然而第二周，晶晶把脏衣服又扔在了洗衣机旁，怎么也不肯洗衣服。妈妈真有点拿她没办法了，只好自己一边洗一边数落晶晶："都已经13岁了，还什么也不知道干！衣服不洗、房间不知道收拾，家务活更是指望不上你，你说你还能干点什么？"

这位母亲要求孩子做家务事是正确的，不过她所使用的方法却有问题，她明显高估了孩子的自制能力和做家务事的自觉性。孩子毕竟是孩子，唯一能让他们自觉去做的事情，恐怕只有"玩耍"，父母们不应该指望用命令就可以让孩子主动去做家务事。

教育学家建议父母试试"立规计"，即给孩子订立适当的行为规则，用规则来约束他们。这样孩子才知道自己应该做什么，父母希望自己怎样做。

托米是9岁的男孩子，每天的工作就是学习和玩，不过托米的父母觉得孩子似乎已经大到可以帮忙做一些家务的时候了。因此有一天，爸爸把托米找来谈话，告诉他自己决定将庭院交给托米负责打扫。现在全家人都有了各自的工作任务了：妈妈要负责做饭，爸爸上班，托米的哥哥在外地上大学，托米上初中的姐姐要帮妈妈洗衣服，打扫各个房间，托米则打扫庭院。然而一个星期过去了，托米还没有动手干活的意思，这时爸爸发现自己制定规则时犯了个错误：规则不够明确具体。于是他又做了一些新的要求：托米要每周彻底打扫一次庭院，院子里的秋千、座椅要擦干净，每周给草坪浇两次水，院子里的物品要摆放整齐。为了让托米真正明白自己的意思，爸爸带着托米做了第一次彻底的打扫。从那以后，父母就再也没为庭院费心过，托米总是严格按照规则做事，他已经完全把庭院看成了他的"势力范围"，谁要是在庭院里扔了一团纸，托米一定第一个冲过去把纸捡起来。

用规则来约束孩子是个切实可行的办法，它对于培养孩子的自觉性是非常有效的。另外，还可以再制定一个奖惩制度。比如，如果孩子严格按照了规则去做，工作效果不错的话，他就可以获得一个奖品（不必太贵重）；而如果孩子"玩忽职守"，没有完全按照规则去做，那么就要受到一定的处罚（增加任务量或重做一遍），这样孩子就会慢慢学会自我约束。

另外，家长在制定规则时，要考虑三项要点：明确、合理、可行。

（1）明确

清楚地指出孩子该做或不该做的事。大部分父母并未给予子女清楚明确的期望。举例来说，若想用整理房间来改变孩子贪玩可定以下规则：一星期整理房间一次，这句话不够明确。明确的期望应该是：

每星期六中午之前，把房间打扫干净。检查事项：

所有脏衣服都放在洗衣篮里；

家具擦干净；

地毯用吸尘器吸过；

所有玩具都放到玩具箱里；

干净衣服都整理好。

站在孩子的角度检查你制定的规则。"房间整理干净"这句话可能模糊不清。对孩子来说，这项任务可能难如登天。检查项目应该列出明确步骤，而且一次只做一项。

（2）合理

合理就是要根据孩子的年龄、体质等具体情况，定出适合于他并能够完成的工作。如对4岁的小孩来说，父母可以期望他把衣服、玩具整理好，但不能要求他清除灰尘或打扫房间。

（3）可行

孩子的房间怎样才算干净，你可以看出来，上表所列的检查项目是可行的。但事实上，许多父母都可能对孩子制定一些不太现实的规矩。这通常发生在青少年身上。

比如，"你必须随时保持房间的每个角落都一尘不染"，这个规则就很不可行，因为孩子不可能一天到晚守在家里搞卫生。"你应该尽量保持房间的整洁。"

这可能就是比较可行的规则。

给孩子制定一项长远规则

规则有两种，一种是细化的短期规则，让孩子每走一步都有规矩可循，还有一种规则是长远的、宏观的规则，订立这种规则是为了让孩子自己来训练自己。

吴菲期中考试失利了，原因是这半学期玩得太"凶"了，六科竟有三科不及格。成绩出来后，爸爸找吴菲谈了一次话："菲菲，为了让你能更好的学习，爸爸要给你制订规则，督促你学习，没意见吧！？我要求你期末考试时必须前进 35 名左右，回到你原来的名次那儿，然后，我们再来把它分割一下，要想达到我的要求，你平均每科要进步 23 分，你可以自己估量一下，为此你需要付出多大的努力。爸爸不会具体规定你每天要学到几点，要学些什么内容，现在我已经给你制订了大规则，而且也给你拟定了小目标，那么接下来就全靠你自己了！怎么样，有信心吗？""有！"吴菲兴奋地回答。

前文，我们讲过用具体的规则约束孩子做家务事，但这并不适于孩子的学习。我们不能规定孩子每天必须学几个小时，学到几点，学哪一科，这不现实，我们只能是把规则订得更宽松、更长远，让他们根据自身的情况，灵活地去学习，自觉地去学习。比如在这个故事里，爸爸并没有给吴菲制定具体规则，只是给出了一个方向，吴菲的爸爸真的很懂得教育孩子，他知道把规则定到什么程度更让孩子觉得轻松，容易接受，有利于孩子学习上的循序渐进。

另外有经验的教师或父母都知道，一些孩子往往会在学习上半途而废，缺少持之以恒的精神。如果家长面对的是这样的孩子，那么就不妨再把规则细分一下，比如每天要认真完成作业，每天学的东西当天必须弄得清楚明白等等。

大人需要规则，孩子更需要规则当然，用立规计要求孩子学习，也不是一件轻轻松松就可以办到的事，父母有可能开始时首先要说服孩子，征得他的同意，再督促孩子去执行，对于年龄较小的孩子，也可能要稍带一点强制执行的意思。这是一场孩子与父母耐力的较量，只要孩子养成了这种习惯，收获将是一劳永逸的。

我们都知道一个基本的事实——孩子毕竟是孩子。因此我们教育孩子最重要的方式之一，是用规定和规则来管理孩子的行为。无数的实践告诉我们：强制孩子执行规定，比为此而与孩子争论要容易得多！

我们的问题是："究竟对孩子实行多少规定，或者说多大程度上，我们对孩子的命令是可行的，多大的程度上我们对孩子的命令是行不通的？"

"天天，不许这样做！"

"小思，星期四之前你必须完成书法教师布置的全部作业！"

"果果，这次考试你必须拿到 90 分，否则妈妈就不带你去北京旅游了！"

"考不上重点，你就别再进我们这个家门！"

在上面的"例子"中，天天肯定不会明白他为什么不能那么做？小思也不明白书法教师的作业，为什么就不能延期到星期四才去完成？至于果果就更不明白为什么自己的学习成绩要和那么多其他的事情挂钩？不用说，考不上重点高中就再也回不了家的孩子，他分明就是在面对一桩崭新的冤假错案！

面对如此这般"没有道理，也不讲道理和不要道理"的规则，孩子们能够心悦诚服吗？为什么我们的父母都那么普遍的健忘？

父母对孩子有明确的规定与限制，要求他们严格地始终如一地执行规定，是孩子健康成长必不可缺少的因素。但是规矩不能是硬邦邦的，毫无道理。如果我们的父母始终能够做到给孩子以热爱和温暖，又能够在约束和爱之间适当加以平衡，用这样的方式培养出来的孩子，他们更能够适应现代生活。

减负计
——别给孩子太大的压力

生活中，有心理障碍的孩子越来越多，而儿童心理学家指出，压力过大是导致孩子出现心理问题的一个重要原因，给孩子减负已经成了当务之急。为了让孩子能健康成长，家长们请别给孩子太大的压力。

望子成龙也要从实际出发

望子成龙、望女成凤是中国父母的普遍心态。从孩子很小的时候起，他们就对孩子有一大串的期望，期望孩子从小学到大学一路"重点"，最后再出国深造，成为博士，期望孩子功课好、分数高、力争年年被评上三好学生；期望孩子有特长，能在数学竞赛中获奖、能在英语大赛中获奖、能在书法比赛中获奖、能在钢琴比赛中获奖、能在体育比赛中获奖……这些期望就像一副重担，狠狠地压在了孩子的肩膀上。

其实，父母期望孩子成才这一点是可以理解的，但期望也应该以现实为基础，如果父母的期望值过高，背离了孩子身心发展的内在规律，那么就可能给孩子带来过重的心理负担，影响孩子的发展。

小雨是从一路辉煌中走过来的，她上小学时，是市里的心算冠军，还曾屡次在高手如云的全国数学奥林匹克竞赛中获奖；她的英语非常好，上初中时曾代表学校参加过省英语口语大赛……上高中后，妈妈告诉她："上高中你一定要在班里拿第一！这样将来才有希望考清华、北大。"小雨觉得很痛苦，她觉得自己的能力似乎已经到极限了。妈妈看出了她的烦躁，但非但没有安慰她，反而还斥责她："整天心浮气躁，你要是不拿第一，看我不打折你的腿！"小雨在日记中写道："爸爸妈妈永远也不会真正地为我着想，他们有要做成功者的愿望，我就得成为过河的卒子，拼命向前。"期末考试结束了，小雨拿到了她的成绩单，她离第一名还有好远。那天下午，小雨没有上课，趁父母不在家，她收拾好东西，带上一些钱离家出走了。

父母期望孩子早日成才，期望孩子出类拔萃，这种心情本是合理的。但也不能否认，任何事物都应该掌握好尺度，要根据实际状况，采取科学的方法，千万不能在教育孩子的过程中，怀着不切实际的"期望"，走向极端。父母总是用成人的心态和眼光看待孩子的内心世界和能力，对孩子的能力发展、情绪状态、心智方面都有过高的估计。父母在这种自我沉迷的状态下不能清醒地认识问题，久而久之，使自己的行为成了一种惯性和教条。最终给孩子造成了巨大的精神压力，使孩子对受教育的感受越来越沉重，越来越没兴趣和信心，甚至还导致孩子心态失衡，走上极端。

因此，该到了给孩子"减负"的时候了，不要总是给孩子太多压力、负担，对孩子的期望要合情合理，要让孩子能够看到成功的希望，"轻装上阵"不是更有利于远行吗？

涛涛上初二了，成绩中等偏上一点，这让他的爸爸很着急，再这样下去，重点高中就没戏了。于是夫妻俩齐上阵，一起督促涛涛学习，还不断给他讲一些"考不上重点高中，将来就很难考上重点大学"的道理，不过这样做似乎完全没效果，期中考试成绩一点没进步，老师还反映说，涛涛变得内向了许多，夫妻俩只好带着儿子去看心理医生。几天后，心理医生告诉这对望子成龙心切的夫妻，他们的儿子有忧郁症的倾向，主要是因为心理压力过大。那怎么办呢？医生给他们支了一招"减负计"。

回家后，夫妻俩找儿子谈了一次话，爸爸说："涛涛，我们为你好，但却似乎给了你太大的压力，现在我们认为应该按你现在的成绩对你提出要求。你现在是中等偏上，那就加把劲考市五中吧！五中虽不是重点，但听说教育质量也不错。""爸爸，你说的是真的吗？"涛涛眼睛亮了起来。"当然是真的了！不过，你不可以因为我们降低了要求就不认真学习，知道吗？"涛涛连忙点头。从那以后，涛涛的脸上开始有了笑容，而且也不再用父母督促着学习。中考结束了，当父母准备送儿子去五中时，却出现了一个戏剧性的转折——涛涛的分数超过重点高中的分数线17分，涛涛竟然考上了重点高中！爸爸奇怪地问涛涛怎么考的，孩子笑着说："没有压力、轻装上阵自然发挥得好！"有了这次经历，涛涛的父母决定今后要将"减负"进行到底。

教育孩子，应从孩子的实际出发，顾及孩子的爱好与特长。如果只根据家长的兴趣和愿望，那么孩子只会走向相反的道路。在高期望值的支配下，父母评判孩子好坏的标准往往会严重失衡。孩子教育的成败也多以考试分数或指令孩子所学的一门特长的成效来衡量。这实际上是家长自己背上的一个错误而沉重的包袱。因此，父母在教育孩子时，应注意给孩子"减负"而不是加压。不要以为孩子在很大压力下才会出人头地。教子成功的父母一般绝不给孩子太多的期望压力，因为让他放松身心、缓和情绪反而更好。

高压只会让孩子选择逃避

现在离家出走的孩子越来越多了，原因是多种多样的，不过大多数都是因为受不了父母的"高压"政策，因而选择了逃避。于是，这些孩子的父母痛苦、懊悔，可是说什么都已经晚了。当初何必要给孩子那么大的压力呢？孩子的承受能力实在是非常有限的。

有这样一个家庭：母亲是位教育工作者，连续七年被评为优秀教师，父亲是一个律师，自己开着一家律师事务所。这对夫妻有一个儿子正在读高中，而这个孩子却不像父母那样优秀，父母提起他来就是"我那不争气的儿子"。

儿子小时候聪明活泼，夫妇俩想尽办法为他创造条件：让他上各种兴趣班、提高班，还买了许多辅导书给他看。可是孩子的学习成绩始终没有达到他们的要求。小学时，孩子的学习成绩在班级属中上水平，进入初中后，他逐渐变得不听话，常常和父母唱反调，对学习厌烦，学习成绩明显下降。读初三时，常常逃学。为此父母斥责过他无数次。结果一天清晨，夫妇俩发现儿子不辞而别，书桌上留了一封信……

后来，父母在火车站附近找到了孩子。但回到家里，儿子表示不想读书了，否则他还会离家出走。父母只好答应他的要求，让他休学在家。

"我的父母也是教师，家里的兄弟姐妹都是知识分子，我的侄女上了大学，外甥进了重点高中。可偏偏我的儿子不争气，给我丢尽了脸面。我当了这么多年老师，教的学生也可谓桃李满天下了，却教不好自己的儿子，这是什么原因呢？"这位母亲道出了心中的疑惑。

可以说，孩子的离家出走，完全是父母的高压政策所致。父母想通过给孩子加压，让他考出好成绩，以满足自己与同事、亲友攀比的心理，却不顾孩子的兴趣所在，一味地要求他参加各种学习班，剥夺了孩子交友和玩耍的权利，使孩子失去了和同龄人交往的机会，使孩子感到生活枯燥无味，孩子处在强大的压力下，不仅感觉孤独，而且发展到了对读书的厌倦。在此情况下，他只有选择出走，以逃避这令自己喘不过气的环境。

压力太大就会引起反弹，生活中，一些家长往往把孩子视为私有财产，为了要子女出人头地、光宗耀祖，家长们不断给孩子加压，或冷言冷语或棍棒教育，结果非但达不到预期效果，反而弄得亲子冲突不断。教育学家建议家长们撤销高压政策，运用"减负计"减轻孩子的压力。

这样做是非常有意义的，减轻孩子的精神负担，会给孩子的身心健康带来好的影响，同时又可以缓和因高压政策而导致的亲子矛盾，如果处理得好，甚至还可以改变孩子对待学习的态度。

那么，减负计应该怎样运用呢？

首先，父母不要再整天拿自己的孩子跟一些出色的孩子相比，当你对孩子说"你看人家的孩子……"时，其实就是在对孩子说："你太没用了，比起人家的孩子，你差得太远了！"这样一来自然会增加孩子的心理负担。

另外，在家里不要用教师的身份或其他的什么身份管教孩子，而要以慈爱的父母的角色和孩子倾心交谈，拉近距离，认真了解孩子的思想动态及兴趣所在，尊重孩子的想法，为孩子营造轻松愉快的读书氛围。一旦孩子接受父母作为他的知心朋友，一旦消除了令他窒息的高压环境，就能改变他对读书的厌倦。最好根据孩子的兴趣，激发他的读书热情。至于孩子今后的路怎么走，父母可以进行引导，但不能代替孩子做决定。

激发计
——用刺激孩子的方式让孩子爱学习

教育孩子要找对方式，当劝导、说教都不奏效时，家长们不妨试试这招儿激发计。利用孩子的好胜心、逆反心甚至是嫉妒心理来故意刺激孩子，让他们由不爱学习变成积极学习。

利用逆反心理治厌学

一些家长常为孩子的逆反心理而头疼不已，他们总是要和家长做对，越不让做的事情越要做。其实，这种逆反心理也不完全是坏事，比如，家长如果利用孩子的这种逆反心理治厌学，便会收到神奇的效果。

据说清代大将年羹尧就是中了"激发计"，才由捣蛋顽童成长为一代名将的。年羹尧13岁时，仍然大字不识一个，整天只知道玩耍。他父亲年遐龄，官做得很大，颇有权势，请来过不少名儒教子。但儿子太顽皮捣蛋了，就是不肯读书。老师对他客气了，他不听；对他严厉一点，他就想出种种刁钻古怪的方法来对付，把老师捉弄得狼狈不堪。所以请来一个气走一个。最后，年遐龄干脆不给他请老师了。

一天，府中忽然来了一位先生，自荐愿教年公子。来的这位先生，看上去有七十多岁年纪，他对年遐龄说："如果大人肯相信我，按照我的要求去做，三年之后，贵公子就会脱胎换骨。"

按照老先生的要求，一座花园在一个偏僻的乡村建造起来了。楼阁中堆满各类书籍，经史子集，无所不备；厅堂上排满各式兵器，刀枪剑戟，一应俱全。花园的围墙上开了个小洞，供一日三餐、送饭递水之用。园中只住教书先生与年羹尧一老一小两人，此外没有一仆一婢。

这位老先生教书的确与众不同，整天只管自己读书，对年羹尧不闻不问，连话都不跟他说一句。而年羹尧呢，觉得这正合自己的胃口，老师不管他，正可以率性而为，高兴做什么都行。于是挖池塘，填沟壑，移栽花木，全凭着自己的兴趣，天天忙得不亦乐乎，玩得痛快淋漓。

不过，这样的游戏一再重复，渐渐地他有些玩腻了。

一天午后，老师正在读书。年羹尧站在老师旁边，站了大半天，老师竟然一无所觉。年羹尧觉得十分奇怪，自己连这么大的花园都玩腻了，老师的书怎么读不腻？而且越读越有精神，这是什么道理？便忍不住脱口问道："老师每天读书，一点不觉厌烦，难道书本真的这样有趣吗？"

老先生随口答应道："味道极好，不是你能知道的，快去玩吧，不要来纠缠我。"说完，老师又低头自顾读起书来。

这下年羹尧可不高兴了，赖在老师身边不肯走，一定要看书。老先生看到年羹尧被他给"激"出兴趣来了，暗暗高兴，但又故意说："好吧，那我就教你吧！不过咱们说好了，不想学时就赶快说一声，我还有那么多书要读呢！"年羹尧想了一下："不，我要读就要读到学问很多才行！"老先生于是先取来经史典籍，每天与他讲习；又取来兵书阵图与他分析。早晚之间，便教他舞剑使枪，传授武艺。年羹尧天性聪颖，一经专心，学无不精。

三年后，年遐龄见儿子英气俊爽，举止有礼，不再像从前那样蛮横。与他谈及学问，文韬武略，识见竟然在自己之上。他的欢喜之情，溢于言表。这才相信老先生所言果然不虚。

后来，年羹尧果然成了清朝一代名将，安邦定国，开拓边疆，建立了不朽的功业。

不管这个故事是真是假，我们都能从中学到一个教子的窍门：对于难管的孩子，我们不妨利用他的逆反心理去刺激他，比如你希望孩子去学习，但偏偏不许他去学，孩子为了"反抗"，就一定会乖乖地钻进你的"圈套"里。在这个故事里，那么多老师苦口婆心，严词教诲，都没能使年羹尧改掉顽劣，但老先生的一句"快去玩吧，不要纠缠我！"就轻轻松松地让他改变态度，潜心向学，看来激发计真是妙用无穷。

逆反心理在心智尚未成熟，年纪较小的孩子身上表现得更为突出，如果父母善于利用孩子的逆反心理，则可对他们的学习发挥更大的作用。对于孩子来说，反抗就是反抗，根本不必有什么道理，这就是孩子的心理模式。然而，父母们平时一般却都不停地要求孩子"好好学习"。那么，结果如何呢？不但孩子的厌学情绪丝毫没有得到改善，可能还会激发孩子们的反叛心理。

在治疗孩子厌学症的时候，这种逆反心理是非常有效的。试试看把平时高举的"好好学习"的标语改换成"不许学习"，甚至可以故意刺激孩子："既然你不喜欢学习，那就不要学习算了。"那么，孩子一定会说"为什么呀？我偏要学习给你看"，于是他可能主动积极地坐到书桌前面了。下面举出两种利用孩子逆反心理的方法，父母不妨一试。

（1）学习计划开始前，先让孩子远离学习

日本有一家鞋业公司经常研制出新颖美观的鞋子。这是因为他们有一项半强制性的规定：连续工作三年的员工休假两个星期，在休假期间不许考虑任何与工作有关的问题。据说休假的员工大约过了一个星期之后就特别想工作。事实上，公司老板的用意也正在这里。让员工们在这种远离工作的饥渴状态下重新接触工作，从而产生更多新鲜的创意。

在对孩子开始执行学习计划的时候，让孩子在一段时间内完全远离书本，也是一个好办法。刚开始的时候，孩子多半会很轻松惬意地玩耍，但不久他们就会感到不安，同时对学习的饥渴欲求越来越强烈，甚至会自己主动提出来要学习，这时再允许他们学习。由于对知识如饥似渴，孩子一定会非常认真，把全部精力投入学习当中。

（2）用"不许你上学"代替"不然就送你上学"

前文已经说过了，运用逆反心理刺激孩子，对越小的孩子越有效。知道了这一点后，父母在孩子年幼的时候，就可以运用此计来激发孩子对学习的渴望。

天天4岁了，他是个淘气的男孩子，几乎没有一天不惹祸，妈妈为了教训他，就常对他说："天天，你要是再敢淘气，妈妈就送你去上学，让老师管你，看你怎么办！"天天5岁时，父母决定将孩子送去幼儿园，没想到天天说什么也不肯去，哭得满地打滚，爸爸妈妈只好把孩子带回家。这时他们开始反省自己的行为，认为是自己的言行给孩子带来了负面影响，并决定改变策略。这一次，爸爸妈妈在路上看见上学的小朋友时就故意大声说："看！这个小朋友一定是又听话、又聪明的，因为他在学校里可以学到那么多东西！"天天再不听话的时候，妈妈就会说："好吧！你尽管不听话好了，妈妈一定不许你上学！"这样一段时间后，天天开始缠着爸爸妈妈买书包，一定要去上学。

如果你的孩子不愿意去上学的话，那么不妨用这个方法试试，当你说"不许你上学"时，孩子就一定会把上学看成是一件非常神圣的事，而一定要去做，这条计策对于治年幼孩子的厌学来说，是非常有效的。

积极转化孩子的嫉妒心理

每个孩子或多或少都会有嫉妒心，嫉妒心表现在孩子身上是非常自然的，但如果家长对孩子的嫉妒心理不及时控制、转化，那么这种嫉妒情绪就会越来越强，直到影响孩子的人格发展。

比如，有一位叫张元的同学，成绩常排在全班第一。可是，每次临近考试，他的笔记本和复习资料都会不翼而飞；更让人气愤的是，在一次期末考试开始前的一小时，他接到"母亲车祸，速回家"的传呼，可是当他满头大汗赶回家时，母亲却安然无恙地在家看电视，"车祸"纯属子虚乌有。事后经查，这些事全都是同班一个同学所为。这位同学的成绩也不错，但常常排在张元的后边，为此，他心中妒恨不已，于是采取种种不光彩的手段干扰张元的学习和情绪，希望自己能超过张元。

因此，父母们一旦发现自己的孩子嫉妒心过强，就应该及时采取措施，转化孩子的嫉妒心理。而最有效的方法，莫过于"激发计"。比如如果孩子嫉妒同学成绩比自己好，或者某方面比自己强，父母不妨激孩子："嫉妒别人的优点，恰恰说明了自己不如人家；嫉妒别人是因为别人有超过你的地方。"用这样的方式，激励孩子去学习别人的长处，而不是嫉妒别人所取得的成绩，最终让孩子明白"与其嫉妒他，不如赶上他、超过他"。

小宇背着书包气呼呼地回到家里，他的神情引起了父母的注意。"怎么了？小宇？"妈妈关心地凑了过来。小宇生气地一撇嘴："妈妈，还记得王浩吗？"

"啊！不就是那个1千米跑第一的孩子吗？"

"有什么了不起！就是他，今天篮球队选人时，他在一边穷表现，结果他被录取了，我却被'刷'下来了！瞧他那样，四肢发达，头脑简单！"

爸爸的脸沉了下来，在旁边重重地哼了一声："这孩子，竟然还妒忌了！"爸爸连一眼都没再看小宇，转身回房间了。小宇又愧又怕，满脸通红地坐在沙发上看着妈妈，他感觉到爸爸因为他说的话而有点看不起他，但他却不知道为什么。妈妈也严肃了起来："孩子，知道吗？你在嫉妒人家王浩，嫉妒他就说明你承认自己不如他，你爸爸当然要失望了！嫉妒有什么用，只会让人家笑话！如果你不高兴被他甩下了，那就努力练球啊！下次再选队员，争取也进球队不就行了！"小宇点点头，拿着书包回房间去了。那年秋天，小宇果然也被选进了篮球队。小宇在自己的日记本上写了这样一段话：我不要嫉妒别人，因为那就是承认我不如人。总会有人比我更好，我只能是不断地学习再学习。

　　父母的激发计奏效了，小宇成功地把自己的嫉妒心转化为了学习的动力。生活中，像小宇这样的孩子可能还有不少，但却不是每位家长都能像小宇的父母这样成功转化孩子的嫉妒心，一些家长说教，一些家长对这种情况置之不理，这都是错误的，家长们应抓住孩子表露嫉妒情绪的契机，利用激发计，唤起孩子不服输的精神，帮孩子彻底战胜嫉妒情绪。

悦纳计

——让孩子喜欢并接受自己

如果孩子不能全面地认识自己、看到自己的长处，那就会出现很多问题。比如自卑、嫉妒别人等等。因此，家长们要让孩子们看到自己的优点，要让孩子喜欢自己，这样孩子才能自信地面对生活。

别让孩子瞧不起自己

生活中，很多孩子都存在着自卑心理，他们看不到自己的长处，总觉得自己不如别人。他们对自己各方面的评价都很低，有的孩子甚至在父母面前也会感到自卑。这种自卑心理会给孩子带来极其严重的影响。试想一个瞧不起自己的孩子，怎么能获得成功呢？因此，家长们就应该想办法帮孩子建立起自信心。

君君是个16岁的女孩子，刚刚升入重点高中，她性格内向，有很深的自卑心理。妈妈抱怨说："我不知道这孩子一天到晚在想什么？别人的孩子都那样自信活泼，可我的孩子却……"君君到底在想什么呢？请看她的一段内心独白："上了高中后，我心里常被一些说不清、道不明的莫名其妙的感觉袭扰，并且越来越严重。有时心里空荡荡的，没着没落；有时又乱哄哄的，不知应该做些什么。同学们都在争分夺秒地学习，准备升学，可我听课时定不下心，作业懒得完成。我这样一个无用的人，将来能做些什么？升学，我能考上吗？经商，我哪有这样的天赋？靠弹钢琴挣钱养活自己，可我又哪有那么大的能力呢？同学们整天都在忙忙碌碌、紧张地学习，空闲时间还三五成群、欢呼雀跃地参加文体活动及各种竞赛，可我无论做什么事都犹犹豫豫、忧心忡忡，拿不定主意，经常因为害怕失败而退避三舍。我终日六神无主，心灰意冷，学习成绩不断下降，听课、写作业成了一种负担，只能靠画画打发时间。生活是这样索然无味，我真心希望自己将来能有所作为，至少成为一个能自食其力的人，可我又总是缺乏把一件事坚持做到底的信心，因为我不相信自己有做好一件事的能力。在同龄人面前，我总感到自己比别人矮一截，有时甚至觉得别人看我的眼神都是鄙视和冷漠的。像我这样一个多余而毫无价值的人，生活在这个世上还有什么必要？真不如死了的好……"

儿童心理学家告诉我们，孩子的自卑往往是由于自我评价过低导致的。一些自卑的孩子，往往认为自己处处不如人，这也不好，那也不行，比如这个故事中的君君，她就是把自己贬低的一无是处。而事实上，她既然能考进重点高中，起码她的学习成绩就应该不错；她会弹钢琴、会画画，说明她应该是个多才多艺的女孩子，但她却偏偏看不到这些，反而沉浸在自卑的情绪里。一个人认为自己是怎样的人比他真正是怎样一个人更重要。因为每个人都是按他认为自己是怎样的一个人而行动的。自卑者不能全面、客观地评价自己。他们往往拿自己的缺点和别人的优点相比，看不到自己的"长处"和"过人处"，却对自己的短处和缺陷妄加评判，形成消极的自我概念。这是一种认知悲剧。

那么怎样才能帮孩子建立自信呢？心理学家认为，要做到这一点，首先就得让孩子喜欢自己、悦纳自己。

（1）告诉孩子，不是只有你自卑

著名的精神分析家阿德勒曾说过，所有的人都有那么一点自卑，无论他是高官巨贾还是市井平民，概莫能外。也就是说自卑感是一种普遍存在的心理状态。其实适度的自卑可以使人认识到自己的不足之处，从而激发人奋发向上，拼搏进取。因此，自卑感及其对它的克服、超越，可以使人完善自我，是人走向成功的起点和桥梁。如果没有自卑感，也就没了进取心。其实人人都会产生自卑，只是程度不同而已。所以，要正确对待自卑，不要只看到自卑的危害，更不能因为自己自卑而自卑。

（2）引导孩子全面地评价自己，走出认识上小误区

一些孩子在做自我评价时，往往只看到缺点，看不到优点，而且有时评价的也不够全面。比如，孩子常会这样说："我笨死了，学习成绩不好！""我不够聪明，总是反应慢！"其实评价应该是多角度的，不能只看学习成绩。孩子应从以下几个方面分析评价自己：①学习能力，如观察力、记忆力、思维力、创造力、想象力和实践能力；②特殊能力，如绘画、音乐、书法、写作、体育运动等；③学习态度方面，如兴趣、爱好、勤奋、竞争意识和独立性等；④人品和个性特征，如自我控制和自我调节以及道德品质、理想信念等。家长可以引导孩子自评和他评，让孩子列举出自己的优缺点，把它们写在一张卡片上；再请其他的同学在另一张纸上列出孩子的优缺点，两者比较，以得出比较客观的结论，并提醒孩子多注意自己的优点，增加自信心。这样孩子就会欣喜地发现，原来自己有那么多的优点，并不是一无是处的。

（3）教孩子一招自卑补偿法

家长应教育孩子在遇到挫折的时候，从多角度辩证地看问题，形成"合理化认识"。如，当考试成绩差时，可以强调考试时临场发挥不好或考试环境不利等其他外在原因，以减轻自身的压力。同时要教孩子利用自卑补偿法和转移等心理防御机制以保持心理完整或平衡，认识到某一方面的缺陷和不足可以通过其他方面的完美和丰富进行补偿和纠正。通常可以使孩子从两个方面进行心理补偿，一是以勤补拙。如果某方面的不足，是由于自己努力不够而潜力没有充分发挥，那么就以最大的决心和毅力去使缺陷变为完美。二是扬长避短。如长相平平，就可以用优异的成绩来补偿；学习一般，可以通过训练，诸如书法、

雕刻、绘画、音乐等获得他人所不及的特殊能力。"失之东隅，收之桑榆"，理智地对待缺陷，寻找合适的补偿目标，从中汲取前进的力量，就能把自卑转化为一种奋发图强的动力。

（4）让孩子多给自己一些积极的暗示

著名心理学家莫顿曾提出"预言自动实现"的原则，认为人们具有一种自动实现预言的倾向。他相信，在我们的心灵的眼睛面前，长期而稳定地放着一幅自我肖像，我们会与它越来越接近。所以，如果我们把自己想象成胜利者，将带来无法估量的成功。当感到信心不足时，孩子应该给自己进行积极的自我暗示，把"没什么可担心的，我也行"、"我一定能成功"之类的话写下来，或者大声说出来。

给孩子更多的关注和肯定

自卑的孩子走路总是低着头，不敢与人主动打招呼；不敢当众发言，怕引起别人的注意，而且也不敢正视别人，说话低声细语，整天愁眉苦脸，父母因此忧虑不已：孩子这么自卑，以后怎么跟人打交道啊！

其实，这些自卑的孩子也讨厌自己畏畏缩缩的样子，在内心深处，他们甚至比普通孩子更加渴望父母和老师的表扬和关注。因此，如果家长能够运用悦纳计，给孩子更多的肯定和关注，让孩子喜欢自己，那么孩子自然就不会再自卑了。

有一个孩子，从小就特别害羞，妈妈还曾取笑他："我的这个儿子简直比女孩还要害羞！"孩子渐渐长大了，他的害羞的情绪好像更强烈了，看到陌生人不敢说话，路上遇见老师同学都要躲着走，爸爸很生气，骂儿子没出息："连和人打招呼都不敢，以后能有什么用啊！"爸爸失望地说。孩子在日记中写道："现实中，我是一个没用的孩子，害羞、内向、胆怯，什么也不行！可是我多么渴望自己能像同学们那样啊！神采飞扬地演讲，大声地说笑，在运动会上拼搏，在同学的加油声中飞跑……我真讨厌现在的自己！"

教育学家告诉我们，孩子的自卑心理是可以调整的，自卑的孩子需要鼓励、需要肯定。如果父母、老师能够多给这些孩子一些关注，让他们悦纳自己，不再厌恶自己，那么这些孩子就会变得更快乐、更自信！

那么，父母、老师应该怎么做呢？

（1）给自卑的孩子更多的关注

自卑的孩子其实渴望别人的关怀和关注，特别是老师和家长的关注。所以，我们应适时地满足孩子的心理需求。

萧萧长相不出众，胆小畏缩，上课很少回答问题，喜欢一个人在教室里呆坐。在一次手工课上，老师让大家做纸飞机，萧萧一点也不会，老师过去教他，可他还是不会。全班小朋友一起喊："老师！让萧萧上台去做。"老师原本怕伤了他的自尊心，正打算制止他们，却见萧萧显示出从没有过的开心，和同学推挤嬉笑。老师顿然明白，萧萧的自卑也许正是因为从来没有像今天这样备受关注。

（2）多给自卑的孩子一点表扬

对自卑的孩子，父母或老师应适当降低对孩子的要求，不要太过苛求孩子。对他们正在做的好事或平时的点滴进步，都应及时予以表扬或肯定。

菲菲是个自卑的孩子，一次绘画课上，菲菲在画纸上画了一个会飞的小人。小朋友们看了哈哈大笑，都说菲菲笨！菲菲低着头，脸红红的。这时老师拿起菲菲的画，脸上露出满意的表情说："菲菲的想象力真丰富，她是画了一个外国的小朋友，飞来我们这个城市玩的，老师猜对了吗，菲菲？"菲菲深深地点了点头。下课后，菲菲跑到老师面前说："老师，谢谢你！"听到菲菲的这句话，老师很高兴，因为孩子的肯定是最珍贵的。当然，需要强调的是，你应该让孩子觉得：你对他的表扬完全是诚恳的，而不是应付的、客套的，这样孩子才会真正相信自己是值得别人喜爱的。

（3）给自卑的孩子一个表现的机会

老师在上课的时候，应当尽量让他们回答容易回答的问题，组织集体活动或游戏时，也要分给他们角色，给予他们更多的表现机会。

小雪胆怯而害羞，常常一个人坐在角落里发呆，不敢与人交往。细心的老师发现自卑的小雪特别喜欢小动物且想象力丰富，还知道各种小动物的生活习性。在班级的一次故事会上，老师就安排小雪给同学们讲有关小动物的故事，全班的同学都听得入神，并情不自禁地鼓起掌来，有的同学喊着："小雪，太棒了！"小雪高兴地笑了，从此，她也不再只是角落里的小雪了，她变得喜欢交往，喜欢回答问题了，语言表达能力也有了很大的提高。

（4）多帮孩子肯定自己

自卑的孩子，心中的自我肯定往往也是脆弱的，因此极需要得到父母经常不断地强化。强化孩子自我肯定的方法很多，比如：可让孩子为自己记一本进步手册，并告诉孩子，所谓"进步"，并不一定非得是了不起的成就，任何小小进步，以及为这种进步所做出的任何小小努力，都有资格记载入册；你也可为孩子准备一些小小的奖品，如钢笔、玩具、CD 等，每当孩子做出了一件令他自己感到自豪的事或一点成绩，你就以奖品鼓励他；你还可以教孩子不断地对自己做正面的暗示，比如，当孩子遇到困难踌躇畏缩时，你不妨让孩子自己鼓励自己："这没什么了不起的，你一定能行的！"

用忍计

——温和地纠正孩子的"出格"行为

孩子常常会做出一些令父母无法容忍的"出格"行为，而"急风骤雨"式的教育法只会使孩子走向极端，因此，家长们只能"戒急用忍"，压下火气，多理解孩子多包容孩子，在此基础上引导孩子，这样才能把孩子引向正途。

正确对待孩子的追星行为

生活中，几乎每个孩子都有自己喜欢的明星，而有些孩子则是对自己所崇拜的明星痴迷不已，逃课去听明星的演唱会，为了所崇拜的明星离家出走、偷钱甚至自杀也不是什么大新闻了。因此，很多家长都对自己孩子的"追星"行为忧虑不已，那么这些家长应该怎么做呢？

湖南某地一名初二女生蕾蕾，特别喜欢追星，港台的一些男明星都是她所崇拜的偶像。她买了很多明星写真集，一些娱乐周刊是期期不落，她的房间里贴满了明星的照片、海报。蕾蕾家境不错，每年"压岁钱"都有几千块，父母平时还会给她很多零用钱，可是这些钱总是很快就被她花完了，妈妈问她都买什么了，她只是含笑不答。可在一次家长会后，妈妈终于知道蕾蕾把钱都花到哪儿去了！老师反映说蕾蕾经常逃课去参加一些演唱会、歌友会，还经常和班上的几个"追星族"一起凑钱给明星买礼物，上课时手里也抓着明星写真集不放，老师已经批评过她很多次了，可她总是当面答应，转身就忘了。妈妈气极了，她觉得孩子太不争气了！回家后就和爸爸一起狠狠地骂了女儿一顿，把那些海报、照片都撕了下来，写真集、CD、签名簿都打成一包扔进了垃圾桶，还警告蕾蕾，要是再敢"追星"，就"打折她的腿"。蕾蕾坐在沙发上一言不发，哭得很伤心。从那以后，父母开始限制蕾蕾的零用钱，听老师说蕾蕾安分了许多，父母终于放了心。然而不久后的一天，老师打来电话，说蕾蕾又和班上的"追星族"一起逃课了！听说是××明星要来，她们好像接机去了。那天晚上，蕾蕾很晚才回来，她忐忑不安地刚想向父母解释，爸爸一个巴掌就打过去了，父母又狠狠地骂了她一顿，妈妈甚至还说她"不要脸"。最后，父母把蕾蕾扔回房间里，决定以后限制她出门。第二天早上，父母发现蕾蕾不见了，放在柜子里的一万元钱也不见了，蕾蕾离家出走了，连只言片语也没有给他们留下。

孩子疯狂追星是错误的，可父母教育孩子的方式也不能说是正确的。"急风骤雨"式的教育只能把事情越弄越糟。其实在教育孩子之前，父母应该先控制住自己的脾气，试着去理解孩子、理智地教育孩子。

其实，"追星"这词，父母们并不应该感到陌生，因为不同时代的孩子都有自己的崇拜偶像。五六十年代的中学生崇拜雷锋、保尔·柯察金、董存瑞等英雄形象；八九十年代的少男少女崇拜周润发、谭咏麟、"四大天王"等影视明星及通俗歌手；今天的孩子们崇拜SHE、F4、"小燕子"、"超级女生"等。随着时代的变化，每个时代的少男少女都有自己心目中的偶像。追星，从本质上来讲，是一种由来已久的现象。从心理学角度讲，青少年阶段是心理上的"第二次断乳期"，这时候，青少年的独立意识明显增强，渴望摆脱父母的管制，自己设计未来。因为脱离了父母的依赖而产生了情感缺口，加上学业的压力，孩子们极需要情感抚慰与思想交流，形象新鲜靓丽、能歌善舞的明星们是青少年在挣脱了父母"管制"之后的情感营养剂。

在青少年成长的过程中不可以没有偶像人物，在偶像身上寄托了青少年对未来的梦想。对偶像的崇拜和模仿，是青少年的一种自我心理投射，它弥补了现实生活中的不完美，丰富了孩子们的情感世界，还有利于缓解青少年成长过程中生理和心理的压力，促使他们追求真善美，培养了他们现代化的思想和观念。

因此，如果孩子的"追星"行为没有影响他的学习和成长，家长们就不应该过多干涉，但如果孩子过分沉湎于"追星"，为追星而逃课，胡思乱想，那么家长就不能再放任了。

可是怎样教育"追星"成"痴"的孩子呢？心理学家建议我们首先要"用忍"，就是说不能一上来就粗暴打骂，应该是尽量理解孩子、引导孩子。

（1）弄清楚孩子为什么追星

孩子过分迷恋偶像，父母首先要反省一下自己是否与孩子存有隔阂，要分析孩子追星是因为压力过大、追求理想的自我、情感出现困惑，还是只是"随大流"。知道了孩子追星的深层原因，才可能理解帮助孩子。比如有一个孩子就是因为在学校和同学关系不好才追星的，后来在父母、老师的关心帮助下，改善了与同学的关系，她就不再像以前那样痴迷明星了。

（2）态度要温和不要粗暴

一位母亲愤怒地责骂她的孩子："干点什么不好，非要'追星'！再让我看见你买什么写真集，我一把火烧了它，没出息的东西！"孩子斜着眼睛看他的母亲，"爱烧就烧，最好连我也一块烧了，'没出息的东西'你还留着干吗！……"

孩子通常认为，追星是自己的事情，别人没有权力干涉。父母武断地认为孩子追星不好，并粗暴地干涉孩子的追星行为，会伤害孩子的自尊，导致孩子与父母对立起来，甚至引发更大的矛盾。

（3）帮孩子选择好的"偶像"

父母不妨帮孩子选择一些优质偶像，首先要给孩子更多的选择，让他知道值得学习、崇拜的人物有许多，每个人都有各自的优点，让孩子在比较中形成自己的判断。其次要给孩子讲述偶像人物的努力过程，激励孩子顽强拼搏。最后还要与孩子讨论偶像人物的哪些行为是值得学习借鉴的，哪些行为不能模仿。

粗暴只会使孩子更加逆反

随着孩子一天天长大，父母的烦恼也就越来越多了，比如青春期孩子的逆反，这个时期的孩子比以往任何时候都难管，他们任性，故意和父母作对，经常有一些令人生气的举动。一些父母不理解孩子的心理特点，总是对孩子进行粗暴的管制，有的父母脾气上来了还要体罚孩子，然而这样做通常只会使孩子更加逆反。

父母们应该认识到，逆反是青春期孩子发泄情绪的一种方式，父母应该冷静处理，不要总和孩子"顶牛"，"用忍"勿躁，多和孩子沟通，这样才能逐渐消除孩子的逆反心理。

钟岩16岁了，16岁的他总是表现得特别扭，他不再像小时候那样听话了，不再像以前那样崇拜父母了，甚至觉得父母说的话很多时候都是错的；当父母吩咐他做事时，他常有发火的冲动。有一天早晨，钟岩拿起沙发上的T恤衫就要穿，妈妈却拦住了他："等等，我给你烫一下，这件太皱了！"钟岩却固执己见，说其他的孩子都穿着皱着的衬衫。妈妈坚持要帮他把T恤衫烫平，这时，钟岩突然发起火来，他把衣服揉得皱皱巴巴的，然后穿好，气冲冲地说："看到没有，我就要这么穿，这叫个性！"然后连早饭也没吃就跑到学校，妈妈意识到儿子的逆反期开始了。晚上，钟岩回到家里，准备迎接预想中的责骂，当然他也准备好了回击。可是妈妈什么也没说，同往常一样招呼他吃饭，好像早上的事情没有发生过一样。吃完饭后，钟岩忍不住了，他开始问妈妈："您不生气吗？为什么不冲我发火？"妈妈笑了："不，你长大了，也有自己的看法、主张了！今天早上，我本来很生气，可后来忽然意识到，我不该冲你发火，这个时候你需要我的理解。"钟岩沉默了一下，然后轻轻说了句"对不起，妈妈！"从那以后，妈妈很少再对钟岩的生活细节进行干涉，而钟岩也总是尽量避免用不礼貌的口气对妈妈说话。

父母们应该明白对待孩子的逆反，打骂和空洞的说教都是行不通的，这只会加剧孩子的逆反情绪，造成更严重的后果。也许孩子的逆反确实让你难以忍受，但你也必须学着控制自己的愤怒，多去理解孩子，就像上文例子的那位妈妈做的一样。

"用忍计"不仅要求控制自己的情绪，还要求父母平心静气地对待孩子的逆反行为，以春风化雨的方式消解孩子心中的逆反情绪。为了做到这一点，父母们不妨尝试一下以下方法：

（1）冷静面对孩子的逆反

遇到和自己顶牛或拌嘴，家长一定要先冷静一下，不要急于解决问题，拖一拖，给自己留一些思考的余地，这样的时间空白有利于双方的自我反省，还可以避免双方陷入僵局，不能自拔。一般来说，人们在情绪极度高涨时，理智常会或多或少地失去控制，举动也就很易偏激而口出恶言，拳打脚踢不仅有损于家长的形象，还达不到教育孩子的目的。

（2）温和地给孩子正确的引导。

青少年都不喜欢别人对他的行为横加指责，因此家长的教育方法要温和，"随风潜入夜，润物细无声。"有些问题如早恋现象等，应对孩子有情、有理、有据地说服、疏导，启发孩子去思考，给他们独立自主、痛下决心的时间，必须尊重孩子的感情和人格。可以在孩子生日时送孩子几本积极健康、可读性强的书。

（3）不要随便地指责孩子

很多时候，父母必须超脱自己的角色，换个角度观察孩子叛逆的根源。因为有时候根源是在父母身上，父母应言行一致做孩子的榜样，因身教重于言教；如果问题在孩子身上，就应讲明道理，禁绝他们再重复同样的错误。很多父母总认为自己是对的，孩子该听父母的。但是，孩子有孩子的思维方式和看问题的方法，因此，父母应该超脱父母的角色，耐心听一下孩子的想法，从不同角度对待孩子，从感情上、从事件因果上与孩子达成一致，做一些适当的让步。

（4）与逆反的孩子平等沟通

父母必须给逆反期的孩子更多的关心，要学会与孩子沟通和交流。当然这种沟通和交流必须是平等的、民主的，必须建立在良好的感情基础上，否则孩子不会与你进行心与心的交流，更不会把他们的喜悦、快乐、痛苦、困惑与你共享，你也永远不会听到孩子的真心话。这种沟通与交流又是经常的、自然的，不是一种强加的，更不是偶然的。不要奢望在孩子出了问题时，你坐下来与孩子的一两次的沟通会取得什么样的效果，更不要以为"今天你非给我说清楚！""再嘴硬揍你一顿，看你说不说！"诸如此类的话会"逼"出什么心里话来。我们应该成为孩子的朋友，而不仅仅是父母。

33 励勇计

——培养孩子大胆探索的勇敢个性

生活中，常常是那些勇于探索、大胆无畏的人才能取得杰出的成就，获得幸福。因此，父母们为了孩子的未来着想，不要总是对孩子过度保护，不要过分强调培养"听话"的孩子，而是应该多给孩子一些锻炼的机会，鼓励他们做勇敢的孩子。

鼓励孩子的冒险精神

孩子都有一点冒险精神，总喜欢做一些在大人看起来很"危险"的事，比如他们喜欢爬高，喜欢碰一些他们不认识、不了解的东西。这种行为常常会引起他们父母的忧虑，有的干脆对孩子的冒险行为大加训斥，结果慢慢地孩子们就再也不敢去冒险了。然而教育学家告诉我们，不能因为危险，家长就禁止孩子去做，这样会使孩子渐渐形成胆小懦弱的性格。而通过冒险取得成功，就会使孩子对自己的能力产生自信；就算失败，孩子也能从中学会如何应对挫折。因此，父母应鼓励孩子适当地去冒险。

一位年轻的母亲殷切地盼望自己的孩子将来能够成才。

一天，她带着 6 岁的孩子找到一位著名的化学家，想了解这位大人物是如何踏上成才之路的。知道来意后，化学家没有向她历数自己的奋斗经历和成才经验，而是要求他们随他一起去实验室。来到实验室，化学家将一瓶黄绿色的溶液放在孩子面前。

孩子好奇地看着它，显得既兴奋又不知所措，过了一会儿，终于试探性地将手伸向瓶子。这时，他的背后传来了一声急切地喝斥："危险！快放下！"母亲快步走到孩子旁边，孩子吓得赶忙缩回了手。

化学家哈哈笑了起来，对孩子的母亲说："我已经回答你刚才的问题了。"母亲疑惑地望了望化学家。化学家漫不经心地将自己的手放入溶液里，笑着说："其实这不过是一杯染过色的水而已。你的一声呵斥出自本能，但也呵斥走了一个天才。"

要锻炼孩子的勇气，常常对父母自身的勇气是一个考验，他们往往对孩子的安全过于忧虑，为防止万一发生危险，而宁愿牺牲孩子锻炼的机会，就像这位母亲做的一样。然而，这样做事实上是很自私的。父母更多的是为了保护自己的孩子不受万一可能发生的危险的伤害，害怕自己不能承受由此而来的打击，所以为求保险而加倍保护，造成孩子缺乏勇气的弱点。我们需要克服这种自私，为孩子的将来着想，大胆鼓励他们去做力所能及的事情，做一个勇敢的孩子。

运用"励勇计"教育孩子，父母就应当多鼓励孩子，少打击孩子。比如孩子的脚还蹬不到自行车蹬子就想骑车，从未离开过父母就想和同学一起去郊游时，不要轻率地否认孩子要想试一试自己能力的努力，不要说"不行，太危险了"之类的话。

一位儿童心理学家说："人应该有探索，有追求。而这些都要从小培养独立性和主动性做起。""初生牛犊不怕虎"，孩子本来是无所畏惧的，他们喜欢冒险，积极探索的精神就是从这里产生的。

西方幼儿教育很注意让孩子们在各种冒险活动中去体验成功的滋味，锻炼勇气和信心。比如在看马戏时，让一头身挂很多玩具的牛，在舞台上来回走动。

主持人宣布，愿意上台摘玩具的孩子，只要把玩具拿到手便归自己，另外再发奖品。孩子们都踊跃上台，而在座的家长却没有人会加以阻止。如果孩子在拿取牛身上的玩具时表现得很勇敢很机灵，便会博得全场一阵阵热烈的掌声。孩子们在克服重重困难中增强了勇气和信心。这种积极进取、不畏艰险的精神，是由既放心又放手的勇敢的家长培养出来的。

当然，也有些孩子过于胆怯，回避所有的冒险情境。如果是这样，父母就有必要跟孩子谈谈他们所回避的情境，鼓励孩子去冒险，因为在这些情境中的冒险体验有助于他们勇气与身体的发展。

这类情境可以是课堂上孩子不愿举手回答问题；也可以是体育课上不愿尝试做动作等。一旦发现孩子有这种倾向，你可以朋友的身份和孩子就以下方面进行讨论：可能有的风险、可能的后果以及享受好处的方式和应对坏处的办法。你可以这样问孩子：

"你认为最糟糕的情况会怎样呢？"

"为什么不尝试一下，看看做得好或不好，你分别会有什么感觉？"

引导孩子说出回避风险的感受会让他们明白，他们之所以错过有趣的事情，是因为胆怯而不是不感兴趣。而且通常孩子一旦说出了自己的恐惧，那么他们对自己承担风险、处理后果的能力也会更为自信。

有一个6岁的孩子住在学校附近，但从家到学校要走15分钟，一路上有三个红绿灯，横过两条马路，在开学的第一个星期里，每天都是妈妈接他上学放学，可就在第二个星期一，妈妈却决定让他一个人去上学。孩子感到害怕，不停地说："妈妈送我去！"但妈妈却温和而坚定地拒绝了他："孩子，过去的一个星期里，妈妈已经告诉过你怎样等绿灯，怎样横过马路，怎样安全地到达学校，现在该是你去试试的时候了。"孩子走了，他规规矩矩地按照妈妈的嘱咐过马路、等绿灯，看到学校的大门时，他高兴地跳了起来，看到其他被父母牵领着的孩子，小男孩更觉得自豪了：他是一个人走来的。然而他却不知道，他的妈妈一直在不远处跟着他，一路上妈妈的害怕要比他多十倍，直到看见他走进学校才松了口气。

这位母亲确实冒了险，不过当可能收益大于可能的损失时，这种风险就是合理的风险。在这个故事中，孩子虽然冒了独自上路的危险，但却获得了宝贵的收益：独自闯荡的勇气。

当然在冒险之前，父母必须教会孩子先做好各种考虑，要让他们知道只有事先考虑好了各种情况，到时才不会出问题。而对于冲动的孩子，你则可以通过对话帮助他们学会对所冒的风险做出考虑，而后再让他们去冒险就能使他们从中受益。如果冒险十分危险，你就应该坚决反对他们去冒险。但如果危险较小，可以控制的话，你就可以根据上述的问题让孩子在决定做某事之前，先考虑其中涉及的危险。一旦养成了事先思考的习惯，孩子自己就能去区别鲁莽的冒险与合理的冒险。

把孩子培养成刚毅、勇敢的人

生活中，一些孩子往往表现得非常胆怯，他们害怕挫折、害怕失败，这种个性对孩子未来的发展是不利的。可是一些父母总认为孩子就是这样，长大了就好了，不用硬性督促，也不用管。而教育学家告诉我们，这种想法是错误的，父母们应当多鼓励孩子，培养孩子敢作敢为的勇气，这样的孩子长大了，才能成为有成就的人。

一些父母老是抱怨自己的孩子太懦弱、太胆小，总是无法让人放心，其实这些父母们应当先检讨一下自己，是否自己给了孩子太多庇护，让孩子缺少独立的勇气。

有一对夫妇，在他们41岁那年才生下了一个儿子，夫妻俩给孩子取名叫贝贝，爱若珍宝。因为是老来得子，他们生怕孩子受到一点伤害，遇到一点风险，因此什么事都替孩子办得妥妥当当的，从幼儿时就是如此，这个孩子就像温室里的花朵一样，经不起一点风吹雨打。上高中了，这个孩子还完全不能为自己做主，遇到事情只会说："那你说怎么办啊！""我也不知道，我得问我爸爸妈妈！"后来这个孩子考到了外地的一所大学上学，他的父母很欣慰，因为他们年老了，身体又不好，大病小病不断，现在孩子上大学他们也就放心了！可是，学校开学还不到一个月，儿子就跑了回来，颓丧地说自己不想上学了："人家一个个都那么出色，只有我什么也不行，什么都不懂，什么也不敢做！跟他们一比，我太软弱没用了！"夫妻俩面面相觑，他们没想到自己的不放心换来的竟然是这样的结果。

父母们应当鼓励孩子做一个勇敢的人，培养自强自立的勇气，这才是真正地为孩子着想，这才是真的爱孩子。像这个故事中的这对夫妻一样一味地庇护孩子，使他们免受生活中的不顺利，对孩子来说是没有好处的。我们强调用"励勇计"教育孩子，就是因为孩子最终必须靠自己的力量去生活，要靠自己的能力来获取他想要的东西，因此我们能给孩子的最宝贵的东西，不是无微不至的保护，而是敢作敢为的勇气。

在香港一家商场的玩具柜台前，站着一对父女。5岁的小女孩怯生生的拉住父亲的衣襟，恳求父亲再玩一会儿。其实，她并不是贪玩的孩子，她只是让柜台里漂亮的娃娃吸引住了，眼睛里全是想要得到的渴望。

父亲却故意装作看不出女儿的心思，他决定女儿不说出来她想要什么，他就不去主动买给她。他认为，女儿想要什么，应该有说出来的勇气，而不应畏畏缩缩。

小女孩在柜台前不肯离开，想说出要求，又怕父亲拒绝，一脸的忧郁。

终于忍不住了，小女孩用细若蚊蝇的声音说："爸爸，我……我想要一个娃娃。"

"什么？说话别吞吞吐吐，想买什么就大声说出来。"

"我要洋娃娃！"小女孩大声说。爸爸笑了，于是小女孩得到了那个洋娃娃。

从这件事中，小女孩也得到了一个经验，在以后的日子里，无论她对父母有什么要求，她都会直言不讳地提出来。

这父女俩，就是香港著名财经作家梁凤仪和她的父亲梁卓先生。

梁卓早年单枪匹马开创事业的经历，使他养成了敢说敢做的坚毅性格。他认为一个人要想成功，就不能唯唯诺诺、人云亦云，懦弱不言的人不但令人无法与他交流，也难以表现他自勇于探索，积极培养孩子勇敢的个性己的能力。

出于这样的考虑，梁卓在教育女儿梁凤仪时，首先就是培养女儿坚决、果断的性格。

在成长过程中，每当梁凤仪让父亲帮助出谋划策时，梁卓就说："你想做的事情，你自己决定。"父亲的坚定态度，使梁凤仪养成了一切都靠自己的习惯。

上大学时，梁凤仪表现非常突出，变得泼辣外向、敢作敢为。她写剧本，演戏剧，当电视主持人，都做得有板有眼。毕业后，她进入香港大公司新鸿基集团，照样无畏地打拼，最终成为最高层领导，在男人的霸业中，赢得了一席之地。

她回忆说："是父亲给了我闯荡江湖的'勇气'，是父亲培养了我果敢坚决的性格。"

日本教育家涛川荣太说："作为父母，必须去培养那种依靠自己的努力、自己的感觉、自己的兴趣来争取成功和幸福的人，从而要求自己必须成为刚毅、勇敢的人。为此，父母不要受限于常规，不要拘泥于社会既成的价值观，不要以他人的目光而要用自己的眼睛、自己的价值观，以自己的责任心、自己的感情，重新对待孩子。"

感化计

——以真情感动孩子的心灵

教育孩子，不能光是说教、责骂、劝导，有时候还必须要以情感之，这样才能撼动孩子的心灵，达到教育的最佳效果。但是，要感化孩子必须情真意切，否则效果就会大打折扣。

以真实的自己感化孩子

父母是孩子的第一任老师，也是孩子最亲近的人，父母对孩子的影响是非常巨大的。不过，父母却常抱怨很难和孩子沟通，其实不是孩子难沟通，而是父母的要求是不公平的：他们要求了解孩子的内心世界，但却不愿意向孩子敞开自己的心扉。教育学家认为，如果父母能够多向孩子袒露真实的自己，那么孩子一定会被父母打动，实现良好的亲子沟通。

一些父母在与孩子交流时会说："你到底怎么想的？你为什么要这样做？"或者干脆说："不要那样做，听我的不会错！"事实上，父母们这类的说教往往不能让孩子接受，他们会想："你们高高在上，只懂得对我说教，你根本就不理解我！"父母们应该明白，这种单向的交流，单向的沟通是不够的，父母们也应当向孩子敞开心扉，让孩子知道你的所想所感，只有这些真挚的东西才能教育孩子，让孩子乐于接受。

运用感化计，就要让孩子看到你真实的一面，因此父母们不妨试试以下两招：

（1）把你的喜怒哀乐表现出来

一些父母总是习惯在孩子面前藏起自己的情绪，其实这样做反而会和孩子产生距离感，如果父母能把真实的自己呈现给孩子，那么，孩子一定会更愿意接受你的教导。

孩子遇到烦恼、失败与挫折，或者与父母发生矛盾时，父母不妨利用这个机会，坦诚地将自己的喜、怒、哀、乐种种情绪倾诉出来。

有一个孩子读书不用功，甚至连作业也不愿做，妈妈无论责备或鼓励，都是徒劳。孩子总是将妈妈的话当作耳边风，每日放学回家，不是躺在床上睡觉，便是玩游戏机。

一天，妈妈又是苦口婆心地劝孩子专心做作业，孩子仍然是一边做，一边玩。妈妈看见孩子爱理不理的态度，愈劝愈气愤，愈想愈伤心，不禁掉下眼泪，无奈地对孩子说："是妈妈不好，妈妈没有用，妈妈以后不会再向你唠唠叨叨的了。"然后默默地返回自己的房间。

想不到孩子听到妈妈这番发自内心的话后，反而感动起来，走到妈妈的房间，摇着妈妈的手说：

"妈妈不要再哭了，我错了，我以后会很用功地读书，不会再令妈妈伤心了。"

有时用这种表现内心难过的真挚态度教诲孩子，比说教或责骂会来得更有效。

和孩子交心，就得让他知道，孩子的喜怒哀乐也就是妈妈的喜怒哀乐，这一点在亲子沟通中是不容忽视的。

（2）跟孩子谈谈自己的经历

父母不必刻意呈现最好的一面，也可以将自己失败和挫折的经历向孩子坦言相告：自己曾有过什么抱负、梦想与目标，曾经因为自己所犯的错误而付出过多少代价，怎样由许多失败、痛苦，而累积到经验，终于走向成功的道路，等等，这一切的一切都可以向孩子尽情倾诉。

有一位父亲，幼年时代家境清贫，最后凭自己的努力完成了大学课程，成为一个出色的医生，他这样告诉孩子有关自己的奋斗史：

"爸爸中学毕业后没有机会再继续读高中，只有一边工作，一边自学，有时假日和晚上的睡眠时间也要用来温习书本。爸爸还要储备一笔生活费给家里人，然后辞去工作，专心应付考试，最后才读上了大学。"

孩子很专注地听了父亲的经历，并从中受到了深深的触动。

总之，沟通应该是相互的，不要以为把自己的见解和要求说给孩子就是沟通，你还应该让孩子更多地了解你。

以反省自己来感化孩子

当孩子的行为出现了差错时，父母们最常做的是责备孩子，严厉地管教孩子。然而事实证明，这样做的教育效果并不好，有的孩子被父母责骂过后，能在短时间内收敛一下自己的行为，而一些孩子根本就不在乎父母的责骂，把父母的说教都当成了耳边风。因此父母们不妨换个教育方法，对孩子动之以情，不要一味指责孩子，也要反省反省自己，这样反而会打动孩子。

小东又挨骂了，因为他考试没及格，不敢让爸爸签名，于是就自己模仿爸爸的笔迹，伪造了签名，不过没有瞒过老师，被发现了。爸爸气极了，足足骂了小东半个多小时，小东垂着头一言不发地听着，最后连连向爸爸保证："爸爸，我错了！我一定改。"看着小东一脸的悔悟，爸爸叹了口气，这孩子已经不是第一次这样向他保证了。

生活中，有许多父母为纠正孩子的缺点，总是先情绪激昂没完没了地责备孩子。有的父母最初怕"不骂就不知悔改"而责备，后来因"打不听，骂不灵"而苦恼，最后又认为"不可救药"而放弃不管了。

有的父母认为：处于逆反期的孩子，难以对付。其实人本来就没有什么逆反期，但因孩子具有旺盛的生命力，若不给予正确引导，就会以"逆反"的形式表现出来。因此说，"逆反期"不是自然形成的，而是由父母方面培植起来的。

如果父母总责骂孩子，任何孩子都会产生反抗心理。正如能力法则所认为的那样，若给孩子以反复的刺激，就会使孩子逐渐形成"逆反"的能力。这就像是常用一种药物，人体就会迅速产生抗药性，不久这种药就会对病毒完全不起作用。同样，对孩子越是一味地责备，其反抗心理就越强，最终父母还是以屈服于孩子而告终。

既然如此，何不换一种方法教育孩子呢？教育学家建议父母尝试一下感化计，以情动之。比如，在孩子犯错误时，不要只责备孩子，而是多反省一下自己，这样才能让孩子自我醒悟，达到教育的目的。

在劝导孩子时，我们常用的方法就是晓之以理，那么何不试试动之以情呢？冗长的说教只会让孩子产生"听觉疲劳"，不如以真情实感打动孩子、感化孩子，这样孩子才能真正地痛改前非。

平等计

——培养一个胸怀开阔的孩子

现在的孩子大多是独生子女，个个都是"小太阳"，他们习惯以自我为中心，然而这样的性格对人际交往是极为不利的。因此，生活中，父母们应注意不要给孩子特殊的地位，培养他们分享、合作的精神，逐步培养出一个胸怀开阔的孩子。

别让孩子以自我为中心

一些父母为孩子太"独"而发愁，他们只想着自己，不管他人。这样的性格在父母面前没问题，可到了学校，到了社会，他们怎么能够与人和谐地相处呢！孩子以自我为中心的习惯确实是个问题，如果放任不管的话，必然会影响到孩子未来的发展。因此家长应当采取措施，坚决纠正孩子的自我中心习惯。

萌萌是家里唯一的孩子，当然是深受爸爸妈妈的宠爱。从小时候起，家里所有的人都会不约而同地把好吃的、好玩的留给萌萌，萌萌逐渐地变得很"独"。有一次，爸爸下班晚了，实在太饿了，进家坐下后，顺手拿起萌萌的威化饼就吃起来了。因为，这些饼干已经买回来好久了，萌萌根本不喜欢吃。然而，萌萌看到后却立刻发起了脾气，让爸爸把饼干还给他，甚至伸手要到爸爸嘴里去抢，尽管爸爸一再表示第二天一定给他买来更多的，但还是不能说服萌萌，他不仅哭闹，而且还躺在地上打滚，不依不饶的。最后，还是爸爸说带他去吃肯德基，才阻止了萌萌的哭闹。

萌萌的玩具更是丝毫不让别人碰，同幼儿园的小朋友刚刚来玩耍，看见萌萌的天线宝宝非常好玩，便忍不住用手去摸摸，并且对萌萌说："你的天线宝宝好神气呀！"说话的过程中，他的眼神中流露着对那个天线宝宝的喜爱，刚刚是多么希望能玩一会儿。可是萌萌却很小气地将天线宝宝藏起来了，并且对刚刚说："这个是我爸爸买来让我玩的，你回家让你爸爸给你买呀！"

生活中，像这样的孩子并不少见，他们凡事都以自我为中心，不关心别人，甚至连自己的父母也不关心。遇到这种情况时，父母们一定要注意了，千万不能放纵孩子的这种心理，否则孩子就会成为一个彻底的自私自利的人，这样的孩子即使再聪明也没有用，因为一个人不能独立地在社会上生存，他必须和人合作，而这样的孩子是走到哪里也不会受欢迎的。

因此，教育学家建议父母运用平等计教会孩子每个人都是平等的，这样他们才不会形成以自我为中心的思想。那么家长们到底应该怎么做呢？

首先，父母们不要给孩子特殊的地位，应该让孩子知道自己在家庭中与其他成员是平等的，对孩子任性做不合理的要求，要坚决拒绝，以消除孩子"以自我为中心"的意识。父母可以通过各种方式使孩子懂得世界上的一切事物都需要分担共享，并使其懂得应该经常关心他人，而不能让孩子以自我为中心的心理任其发展。同时教育孩子懂得共享为乐、独享为耻的道理，帮助孩子建立群体意识，这样可以使孩子以自我为中心的行为逐渐减少。

其次，父母不应给孩子太多的关注。有位母亲非常疼爱她的孩子，她把自己的全部注意力都放在孩子身上，"宝宝不要乱跑！""宝宝，你没摔伤吧？""宝宝，妈妈帮你把扣子扣好！"……结果这个孩子越来越任性，越来越难管。

教育学家认为如果孩子从小在家庭中处于中心地位，父母给予太多的关注，那么这个孩子在长大以后并不能意识到自己已经是大人了，而依然会对父母表现出很强的依赖性。只考虑自己的存在，而不考虑他人的存在，只对自己有利的事感兴趣，而对其他事根本不去关心，所以当父母遇到孩子独占、抢夺别人的东西的时候，应当反省一下自己的教育方法，给孩子太多关注是不必要的，父母应当尽量让孩子感觉自己与其他家庭成员一样都是平等的。

另外日常生活中，父母应有意为孩子制造与同伴交往的机会，教育孩子要学会分享，比如当孩子吃东西的时候，教给他要分给别的小朋友；当他有了好玩的玩具时，教给他和其他小朋友一起玩才会有趣。爸爸妈妈最好引导孩子和比他大的孩子在一起玩，这样较大的孩子不仅可以适当带领、照顾他，而且可以培养孩子与伙伴友好合作的意识，教育孩子虚心学习伙伴的长处，尊重别人的意见，珍惜与小伙伴之间的友谊，不把自己的想法强加于人，可以制止他的某些"自我中心"的行为。父母帮助孩子从狭隘的圈子中跳出来，引导孩子设身处地地替他人着想，以求理解他人，并教给孩子尊重、关心、帮助他人。

让心胸狭窄的孩子变得大度

每位父母都希望自己的孩子宽容、大度，因为这样的孩子才容易和别人友好相处。但是生活中，心胸狭窄的孩子却相当普遍；这些孩子都有一种优越感：自己才是最好的，谁也不如我！而一旦发现有人超过了自己，这些孩子便无法忍受，甚至还会想方设法打击对方。因此，家长们一定要努力教育孩子，千万不能让孩子心胸太过狭窄。

平平上小学一年级了，爸爸开着自家的"马自达"把女儿送到学校，他认为自己的女儿聪明、漂亮、机灵，一定会成为班里的佼佼者。果然不出所料，三天后，平平放学后兴高采烈地向父母报告："老师让我当班长了！说我学习好、聪明、能力强！全班同学里只有我获得的表扬最多，其他的孩子都不行！"爸爸妈妈也很高兴："就是嘛！谁能比得上平平呢！"然而半个学期没过去麻烦就来了，平平回家后，总是拉长了脸，向妈妈数落自己的同学不好：小舟只不过会跑步，大家都捧她，但其实她是笨蛋；小美长得漂亮，有什么了不起的，穿得那么土…而且她还向妈妈抱怨同学都嫉妒她，不理她。结果妈妈向老师一问才知道，原来平平在班上总是表现得心胸狭窄，如果班上有哪个同学在哪方面超过了她，她就会反应强烈，甚至诽谤人家，因此同学们都疏远她。不仅如此，平平也不能接受老师的批评。有一次，老师说她学习好，工作能力强，就是工作方法上存在着一些问题，同学关系有时会出现一点紧张，希望她能稍微改变一下。老师说得很委婉，也很诚恳，但心胸狭窄的平平哪里听得进去。为了这件事，平平一连几天拉长着脸，也不说话，她觉得太不公平了，老师怎么能这样对她呢？平平总因为一些琐碎的小事而生闷气，妈妈看在眼里，急在心里，她越来越为女儿担心，她担心女儿这样的性格将来适应不了社会。

在现代的家庭中，孩子就是一切，爷爷奶奶、爸爸妈妈整天围着一个孩子转，孩子就是"小太阳"，孩子的要求从不会被拒绝。长此以往，孩子就形成了一种错误的认识："我"是最好的，谁都不如我。因此当孩子走出家门，面对更广阔的世界时，难以接受别人比自己强的现实。

父母应当明白，心胸狭窄，不但会影响孩子的人际关系，还会影响孩子的身心健康，因此父母应当运用平等计教育孩子，让孩子不要总认为"我行，别人不行！"让孩子的心胸变得更开阔。

教育学家认为，孩子心胸狭窄的一个重要原因就是从小和同龄的孩子接触太少，父母处处对孩子忍让，孩子从来不能站在别人的角度考虑问题，完全以自我为中心。因此，父母应多提供机会，让孩子经常与小朋友交往。在交往中学会宽容、体谅他人；提高人际交往能力及社会适应能力，养成良好的性格。

而当孩子在交往中遇到矛盾和纠纷时，父母千万不要偏袒自己的孩子，这样做会让孩子错误地认为自己的地位是特殊的，别人都比不上自己，都要让着自己。那么家长在遇到这种事时，该怎么处理呢？请看下面这个故事。

平等对己，平等对人，做个胸怀开阔的人妈妈正在厨房做饭，突然听到楼下传来儿子冬冬的哭声，她赶忙跑下楼去，只见冬冬正坐在地上哭呢。而常和儿子玩的小朋友林涨红了脸站在一边，眼泪也快要出来了。冬冬看见妈妈来了，马上扑了过去。"妈妈，林打我！""是吗？林，你们为什么不高兴啊？"没等林开口，冬冬立刻抢着说："他看我小，欺负我！妈妈你帮我骂他！"妈妈不高兴了，她把冬冬推开："不许没礼貌！让林说！"后来妈妈弄清楚了，原来林用积木盖城堡，冬冬也要抢着玩，林不让，东东一来气就把盖到一半的城堡踢倒了，两人由此打了起来。妈妈严肃地把冬冬叫过来："冬冬，为什么玩什么一定要听你的呢？林的城堡已经盖了一半了，如果你想玩可以帮他一起盖呀！下次不许你再这样霸道，如果林也把你盖好的积木推倒，你生不生气呢？"冬冬红着脸，一声不吭了。林走过来说："阿姨，对不起，我也不该动手打冬冬。冬冬，别生气了，我们一起玩积木吧！"冬冬看了看妈妈，两个孩子开始一起搭城堡了。

这位妈妈把这个小纠纷处理得非常好，她没有不分青红皂白地偏袒自己的孩子，而是一视同仁地处理问题，这样就不会助长孩子以自我为中心的心理。不仅如此，她还借机教育了孩子："为什么玩什么一定要听你的呢？"这样就会引起孩子的反思，渐渐地孩子就会认识到：小朋友之间都是平等的，不能总是自己说了算。这是一个成功的教育案例，也是对平等计的一次成功运用。

另外，父母们也不妨让孩子体验一下心胸狭窄的害处。父母要让孩子认识到，如果一个人总是心胸狭窄，别人就会讨厌你，或不喜欢和你做朋友，而且做错事时也得不到别人的原谅，会被彻底地孤立起来。这样孩子就会认识到，心胸狭窄是一件不好的事，并慢慢地摆脱这种坏习惯，心胸变得开阔起来。

苦磨计

——培养孩子的意志和毅力

现在的孩子面临的是一个处处充满竞争的社会，而很多孩子由于生活过于安逸，往往缺少战胜困难的勇气。因此，聪明的父母应该多让孩子经受一些艰难困苦的磨炼，以培养他们坚韧不拔的意志和毅力，这样他们才能在未来的竞争中取胜。

从小要让孩子吃点苦

现在的孩子大多由父母宠着、爱着，泡在糖罐里，就像温室里的花朵一样，难以经受风吹雨打，而这样的孩子也很难适应未来"优胜劣汰"的残酷竞争。因此家长们在孩子小的时候，就要有意识地让他们吃点苦。

中国的一些父母们，因为自己小时候吃了不少苦，因而打定主意坚决不让孩子再吃苦，他们总是千方百计地满足孩子，保护孩子。一些孩子甚至上了高中还不会洗衣服，不会照顾自己，所有跟"吃苦"有关的事全由家长代劳，然而这样做有什么好处呢？只能培养出一些娇气、只会依赖父母、又吃不了苦的孩子。

在一次夏令营里发生了这样一件事：按照计划，60 名孩子要长途步行 40 公里，途中自己做饭，搭帐篷，行程是 3 天。可在第一天上午，就有 6 个孩子哭着给家里打电话，抱怨说太艰苦了，要背着很重的包走那么远的路，而一个女孩则哭着非要爸爸马上来接她。结果到终点时，60 名孩子只剩下 37 个，其余的孩子都因为吃不了苦，中途放弃了。随团的一位医生感叹地说："现在的孩子太娇了，现在连这么一点苦都吃不了，以后到社会上怎么办啊！"

这样的担心并非没有道理，可一些家长仍在执迷不悟地"保护"孩子，生怕孩子受罪。然而，就在许多家长挖空心思地满足子女的各种要求时，美国人却千方百计地对他们的孩子进行"吃苦教育"。为了让孩子了解过去困难的日子，美国一家学校给孩子们做了"忆苦饭"，结果，孩子则面对当年大人吃过的黑面包号啕大哭，拒食 3 天。校方毫不动摇，第 4 天，孩子终于咽下了这顿忆苦饭。在美国的许多孤岛或森林里，人们常常可以看见美国小学生的身影。他们在没有老师带领的情况下，面对着既无水源又无淡水的可怕的自然界，安营扎寨，寻觅野果充饥，捡拾柴草，寻找水源，自己营救自己。一位孩子参加野外训练归来后，感慨地对老师说："我以前以为供我们享受的一切现代化设施都是本来就有的，荒岛的历险才使我明白，人生来两手空空，一切都是劳动创造的。过去老师讲劳动光荣，我们没什么感觉，如今才真正理解了这个词的含意。"

而日本的家长也说："在送给孩子幸福之前，先要送给他们苦难。"在日本的幼儿园里有一条不成文的规定：每逢冬天，孩子都要赤身裸体于风雪之中滚爬跌打一定的时间。天寒地冻，不少孩子嘴唇冻得发紫，但在一旁的家长们个个硬着心肠，没有一个上前搂住自己的孩子。他们知道，这样不仅换来孩子真正的健康，而且还能锻炼孩子面对艰苦与挫折的意志。

能吃苦中苦，方得甜上甜。一些教育学家建议家长们运用"苦磨计"教育孩子，多给孩子吃些苦，让孩子体会生存的艰辛，逐步提高孩子的心理承受能力和坚韧不拔的生存毅力。

吴总的儿子多多 6 岁了，有一天吴总带他去剧院看演出，出来的时候已经是下午四点了，多多嚷着肚子饿，要回家吃晚饭，没想到车子偏偏坏在了半路上，怎么办呢？吴总想了一下，就对儿子说："多多，现在离咱们家只有 3 公里左右了，爸爸打电话叫人来把车拖走，咱们走回家去吧！"多多不高兴地说："爸爸，好饿啊！咱们打车回去吧！""不行！"爸爸一下严肃起来："这么点苦都吃不了吗？我像你这么大的时候还曾饿着肚子走 30 里山路呢！"于是父子俩开始沿着马路往家里走，3 公里的路整整走了一个小时。有人问吴总为什么要这样做，吴总回答说："为了让孩子能够吃点苦。"

美国的芭贝拉·罗斯说："父母必须让孩子知道，在成长的道路上，不可能是一帆风顺的。成功往往是与艰难困苦相伴而来的。"儿童教育学家们普遍接受的一种观点是：战胜生活中挫折和困难的勇气，是在童年时开始树立和发展的。因此为了孩子着想，父母们必须尽早对孩子进行吃苦教育，让他们自小受到艰难困苦的磨炼，有了吃苦精神孩子们才能在未来的竞争中立于不败之地。

让孩子从劳动中受益

生活中，很多孩子都是"四体不勤、五谷不分"，什么都不会做。而孩子的父母却不以为然："现在的孩子都是这样！"要知道我们现在还是一个"按劳取酬"的社会，没有劳动就没有收获。如果孩子习惯了懒惰，父母们又怎么能指望孩子将来在工作中苦干、实干呢？

鲁珀特·默多克是世界传媒业的龙头老大，他从澳大利亚一份地方报纸起家，奇迹般地建立了一个国际传媒帝国，而这个奇迹之所以能够出现，靠的就是他的苦干精神，而他的苦干精神，得益于儿童时期母亲对他的劳动教育。

在谈到母亲对他的影响时，默多克说："我想是她的严格要求使我懂得了世界上没有免费的午餐，财富要靠自己去创造的道理。"

他的母亲伊丽莎白是个极有主见的女人，在教育孩子方面，她有自己的办法。她对默多克很严厉，很少迁就儿子，经常让他整修花园，打扫房间，洗衣服。

为了培养默多克的价值观，让他理解报酬必须靠劳动去获取，她让默多克选择劳动的种类、方式，然后计件或计时从她这儿领取相应的报酬。

伊丽莎白后来回忆说："在那些日子里，儿子可能认为我是一个旧式的、残酷的母亲，但我必须让他明白，没有什么东西是凭空而来的，等他长大以后就能真正体会那样做的好处。"

作为父母，不要对孩子过分溺爱，应该磨炼他们吃苦耐劳的精神，让他们热爱劳动，由此热爱生活。有时，也可以用"按劳取酬"的方式刺激他们，让他们用自己的劳动赚零花钱，使他们逐渐懂得劳动的价值，并慢慢学会计划花钱，这些都有利于他们养成良好的生活习惯。

苏联教育家苏霍姆林斯基说："不要害怕你的孩子身上出汗，手上长趼。只有能使人劳累、流汗、长茧子的劳动才能培养出细腻、敏感、坚强、有温情的心灵。这种紧张的劳动培养人的高尚品格，因为它充满了高尚的动机。"

而生活中，一些父母却认为："用劳动锻炼孩子没什么用，有那个时间还不如让孩子多看会儿书呢！"那么家长们有必要看看下面这个调查结果：美国哈佛大学的威特伦教授花费了 40 年时间，追踪观察了 256 名儿童，结论是：从小受过劳动磨炼的孩子成年后，与各种人保持良好关系的比少参与家庭事务、不爱劳动的孩子收入多 5 倍，失业少 16 倍，健康状况也好得多，生活过得美满充实。这是因为孩子在劳动中可以磨炼自己的意志、毅力，还有自力更生的精神，而这些，正是孩子到社会上打拼时最重要的武器。

因此，父母们应积极运用苦磨计教育孩子，这样孩子才能长大成才。首先，父母们要多鼓励孩子自己做事。从孩子具备一定的劳动能力时起，父母就应该放手让孩子去做自己力所能及的事情，决不要包办代替。孩子稍大一些的时候（7 岁左右），父母就要让孩子帮着干些家务事。等到孩子 8 岁以后，父母就可以给孩子分配一些任务，如打扫庭院、扫地、擦桌椅等等，把这些当成孩子的专属工作，父母决不插手。这样做，不但能锻炼孩子的动手能力，还能培养孩子持之以恒的毅力。

　　其次，要放手让孩子去做。生活中，一些父母也知道孩子太娇了没好处，要让孩子从小就能吃苦，适当干些活。可真用劳动去磨炼孩子时，他们又牵肠挂肚地担心起来。看到孩子细嫩的小手磨出了茧子，他们就开始心疼；看到孩子干活累得喘气，他们就更难过，于是孩子刚干了一会儿，父母就让孩子停手："我来干吧！"这样，劳动磨炼成了走过场。父母应该明白，适当让孩子参加劳动是为孩子好，孩子现在吃些苦，受点累，将来就能生活得更好，因此爱孩子就要放手让孩子在劳动中磨炼自己。